MARCO POLO

NIEDERLÄNDISCHE KÜSTE

Reisen mit **Insider Tipps**

> Die niederländische Küste biet
> viel Abwechslung, ob man nur
> Kunst und Kultur oder Ruhe u
> Einsamkeit sucht.
> **MARCO POLO Korrespondent**
> **Anneke Bokern**
> (siehe S. 127)

Sabine Richter
Steinstraße 11 f
56073 Koblenz
richter-sr@arcor.de

Spezielle News, Lesermeinungen und Angebote zur Niederländischen Küste:
www.marcopolo.de/niederlande-kueste

NIEDERLÄNDISCHE KÜSTE

> SYMBOLE

MARCO POLO INSIDER-TIPPS
Von unseren Autoren für Sie entdeckt

★ **MARCO POLO HIGHLIGHTS**
Alles, was Sie an der Niederländischen Küste kennen sollten

☼ **SCHÖNE AUSSICHT**

📶 **WLAN-HOTSPOT**

▶▶ **HIER TRIFFT SICH DIE SZENE**

> PREISKATEGORIEN

HOTELS
€€€ über 130 Euro
€€ 100–130 Euro
€ unter 100 Euro
Die Preise gelten für zwei Personen im Doppelzimmer mit Frühstück pro Nacht

RESTAURANTS
€€€ über 40 Euro
€€ 25–40 Euro
€ unter 25 Euro
Die Preise beziehen sich auf ein dreigängiges Menü für eine Person ohne Getränk

> KARTEN

[116 A1] Seitenzahlen und Koordinaten für den Reiseatlas Niederländische K...
[U A1] Koordinaten für d... Den-Haag-Karte i... hinteren Umschla...
[0] außerhalb des Kartenausschnitts

Zu Ihrer Orientierung sind auch die Orte mit Koordina...ten versehen, die nicht im Reiseatlas eingetragen sin...

■	**DIE BESTEN MARCO POLO INSIDER-TIPPS**	**UMSCHLAG**
■	**DIE BESTEN MARCO POLO HIGHLIGHTS**	4
■	**AUFTAKT**	6
■	**SZENE**	12
■	**STICHWORTE**	16
■	**EVENTS, FESTE & MEHR**	22
■	**ESSEN & TRINKEN**	24
■	**EINKAUFEN**	28
■	**ZEELAND**	30
■	**RANDSTAD**	42
■	**RUND UMS IJSSELMEER**	54
■	**WESTFRIESISCHE INSELN**	70

INHALT

> SZENE
S. 12–15: Trends, Entdeckungen, Hotspots! Was wann wo an der Niederländischen Küste los ist, verrät der MARCO POLO Szeneautor vor Ort

> 24 STUNDEN
S. 94/95: Action pur und einmalige Erlebnisse in 24 Stunden! MARCO POLO hat für Sie einen außergewöhnlichen Tag in und um Den Haag zusammengestellt

> LOW BUDGET
Viel erleben für wenig Geld! Wo Sie zu kleinen Preisen etwas Besonderes genießen und tolle Schnäppchen machen können:

Billig wohnen im Schloss S. 38 | Mit dem Waterbus nach Rotterdam S. 52 | Gratis Gruseln mit Mumien S. 63 | Ticketkombi für das Oerol-Festival S. 80

> GUT ZU WISSEN
Mosselen und Oesters S. 20 | Niederländische Spezialitäten S. 26 | Musizierender Sand S. 37 | Gaaibollen S. 41 | Blogs & Podcasts S. 47 | Bücher & Filme S. 51 | Alles Käse! S. 58 | Mata Hari S. 61 | Ebbe und Flut S. 78 | Was kostet wie viel? S. 107

AUF DEM TITEL
Schiermonnikoog: mit dem Rad auf Entdeckungstour S. 70
Kino in der Kapelle S. 14

- **AUSFLÜGE & TOUREN** **90**
- **24 STUNDEN IN UND UM DEN HAAG** **94**
- **SPORT & AKTIVITÄTEN** **96**
- **MIT KINDERN REISEN** **100**

- **PRAKTISCHE HINWEISE** **104**
- **SPRACHFÜHRER NIEDERLÄNDISCH** **110**

- **REISEATLAS NIEDERLÄNDISCHE KÜSTE** **114**
- **KARTENLEGENDE REISEATLAS** **122**

- **REGISTER** **124**
- **IMPRESSUM** **125**
- **UNSERE INSIDERIN** **127**

- **BLOSS NICHT!** **128**

2 | 3

ENTDECKEN SIE DIE NIEDERLÄNDISCHE KÜSTE!

Unsere Top 15 führen Sie an die traumhaftesten Orte und zu den spannendsten Sehenswürdigkeiten

Die Highlights sind in der Karte auf dem hinteren Umschlag eingetragen

 Koninginnedag
Das Volksfest zu Ehren der Königin hat es in sich: Freimarkt, in Strömen fließendes Bier und fantasievolle Darbietungen, nicht nur in Den Haag (Seite 22)

 Skûtsjesilen
Knotendynamik mit den traditionellen braunen Segeln gibt's nur noch in Friesland. Die Regatten finden immer von Ende Juli bis Mitte August statt (Seite 23)

 Sandstrände
An der Seekante Zeelands findet man fast endlose Sandstrände und hohe Dünen. Einige Wasserarme sind großarteige Wassersportgebiete (Seite 32)

 Abtei
Im Klosterkomplex aus dem 12 Jh. von Middelburg wird heute regiert (Seite 32)

 Delft
In Vermeers Geburtsstadt können Sie den Fayencemalern bei der Arbeit zuschauen (Seite 46)

 Keukenhof
Tulpen, so weit das Auge reicht: Die Blumenzwiebelgegend ist der größte Freilandgarten der Welt (Seite 48)

 Hafenrundfahrt
Die Container werden in Rotterdam, dem zweitgrößten Hafen der Welt, wie Streichholzschachteln gestapelt (Seite 51)

14

> DIE BESTEN MARCO POLO HIGHLIGHTS

★ Schiedam
In der traditionellen Geneverstadt stehen noch heute Mühlen, von denen eine als Getreidemühlenmuseum dient (Seite 53)

★ Bergen
Ein Familienseebad mit hübschen Landhäusern und Sandstrand (Seite 56)

★ Haarlem
Der Heimatort von Maler Frans Hals lädt mit seinem pittoresken Charme zum Bummeln ein (Seite 61)

★ Zaanse Schans
In den Holzhäusern des Freilichtmuseums befindet sich u.a. der erste Laden der größten Supermarktkette des Landes (Seite 64)

★ Schokland
Das ehemalige Eiland mit einer kleinen Siedlung gehört zum Unesco-Weltkulturerbe (Seite 66)

★ Inselhüpfen
Im Sommer verkehren Fähren zwischen den Watteninseln. Nichts für Seekranke! (Seite 70)

★ EcoMare
In der Seehundstation des Museums auf Texel kann man die Meeressäuger während der Fütterung hautnah erleben (Seite 84)

★ Wattwandern
Durch Schlick und Priele vom Festland auf die Insel Ameland zu laufen, ist ein echtes Naturerlebnis (Seite 99)

4|5

Texel, Naturschutzgebiet De Slufter

AUFTAKT

> 450 Kilometer Küste, davon 250 Kilometer Strand – das macht den kleinen Niederlanden so schnell kein anderes Land nach. Endlose Sandstrände und einsame Dünen säumen die Küstenlinie von Zeeland bis Den Helder und auf den Watteninseln. Im Landesinneren lockt das 1100 Quadratkilometer große Seglerparadies IJsselmeer, umgeben von historischen Städtchen. Die niederländische Küste bietet viel Abwechslung, ob man nun Kunst und Kultur, Ruhe und Einsamkeit, szenige Strandbars oder Familienspaß sucht. Und wenn das Wetter mal nicht mitspielt, bietet sich immer ein Ausflug in eine der Städte in der Randstad an.

> Ein Holzpfad führt über die letzte Düne. Je höher man steigt, desto feiner wird der Sand und desto höher wächst der Strandhafer. Oben angekommen, bietet sich ein großartiger Ausblick: landeinwärts über hügelige Dünenlandschaften mit Sanddorn und Krüppelkiefern, seewärts über einen endlosen Sandstrand und das Meer. Etwa 1 Mio. Besucher erleben jedes Jahr solch einen ersten Blick. Nicht weniger als 450 km Küste haben die kleinen Niederlande zu bieten, über die Hälfte davon besteht aus breiten Sandstränden hinter Dünen. Eigentlich ist die gesamte Küstenlinie von der belgischen Grenze bis hin zu den Watteninseln ein einziger langer Strand, unterbrochen nur von einigen Häfen und Flussmündungen. Und obwohl die Niederlande das am dichtesten bevölkerte Land Europas sind, kann man an den Nordseestränden noch Einsamkeit und Ruhe finden.

Strand und Dünen sind jedoch nicht nur schön, sondern bilden einen natürlichen Schutz der „niedrigen Lande" vor dem Meer. Der Kampf gegen das nasse Element hat die Geografie des Landes geprägt: Da die Dünen keinen ausreichenden Schutz boten, baute man Deiche und Stauwehre.

Dennoch brach das Wasser immer wieder in das Land ein und veränderte seine Küstenlinie und Gestalt. Manch eine Naturkatastrophe brachte Landschaften hervor, die heute zu

> **Wasser ist in den Niederlanden allgegenwärtig**

den reizvollsten der Niederlande zählen: Durch Überschwemmungen entstanden nicht nur die Watteninseln, sondern auch das friesische Seengebiet und die zeeländischen Inseln.

Eine große Veränderung erfuhr die niederländische Landkarte 1932: Durch die Fertigstellung des Ab-

Die Niederlande sind berühmt für ihre Tulpenfelder

AUFTAKT

schlussdeichs wurde der Meeresarm Zuiderzee von der Nordsee abgetrennt und in einen riesigen Süßwassersee, das IJsselmeer, verwandelt. Nun klatscht auf der einen Seite die See stürmisch gegen den Damm, auf der anderen Seite liegt die spiegelglatte Wasserfläche des IJsselmeers.

„Gott hat die Welt erschaffen, aber die Niederländer machten ihr eigenes Land" lautet ein altes Sprichwort. Fertig sind sie mit dieser Aufgabe noch lange nicht. So werden momentan einige neue Inseln im IJsselmeer östlich von Amsterdam angelegt, auf denen ein kompletter Stadtteil entsteht. Dringender ist allerdings das Problem der Erosion: Jedes Jahr müssen die Strände mit neuem Sand aufgefüllt werden, um die Abtragung der Dünen einzudämmen.

Wasser ist in den Niederlanden allgegenwärtig; die See und der Wind prägen das Klima ebenso wie die Mentalität der Bewohner. Im Mittelalter wagte sich kaum ein Fürst in die sumpfigen Gebiete im Westen, sodass die freien Bauern weitgehend selbstbestimmt leben konnten. Nach dem Freiheitskampf gegen Spanien im 17. Jh. gründeten die Niederländer eine der ersten Republiken Europas. Das Sagen hatten damals vor allem die reichen Kaufleute der VOC (Vereinigte Ostindische Kompanie), die mit exotischen Waren aus Übersee handelten und damit den Grundstein für das „Goldene Zeitalter" legten. Innerhalb weniger Jahrzehnte entwickelten sich die Niederlande

> **> Die Niederländer machten ihr eigenes Land**

zur Weltmacht. Die dunkle Seite des Erfolgs waren Sklavenhandel und eine skrupellose Kolonialpolitik.

Zwar sind die Niederlande heutzutage eine Monarchie, aber der im Goldenen Zeitalter entstandene Kaufmannsgeist, die Demokratieliebe und der Pragmatismus prägen noch immer die Geisteshaltung der Niederländer. In den protestantischen Gegenden nördlich von Rhein und Maas hat auch der Calvinismus seine Spuren hinterlassen. Das Resultat ist eine eigentümliche Paarung von Spießbürgerlichkeit und Freigeistigkeit, von Sittenstrenge und Duldsamkeit: Der gute Protestant lässt die Vorhänge offen, denn er hat nichts zu verbergen; was Angehörige anderer Bevölkerungsgruppen jedoch hinter ihren Vorhängen tun, ist deren Sache. Toleranz ist in den dicht besiedelten Niederlanden,

WAS WAR WANN?

Geschichtstabelle

Vorgeschichte Keltische Belgen und Bataver besiedeln das Gebiet

Ca. 50 v. Chr. Römer erobern Teile der Küste

4. Jh. Ende der römischen Herrschaft

10.–14. Jh. Die Niederlande fallen dem karolingischen, dann dem Deutschen Reich, später Burgund und Habsburg zu

1515–55 Kaiser Karl V. ist Herrscher über die Niederlande

1568–1648 80-jähriger Freiheitskampf gegen Spanien unter Wilhelm I. von Nassau (Willem van Oranje)

1579 Gründung der Utrechter Union, Trennung der nördlichen und der südlichen Niederlande mit anschließender Unabhängigkeitserklärung der nördlichen Provinzen (1581)

1584 Ermordung Willems van Oranje

1602 Gründung der „Verenigde Oostindische Compagnie" (VOC)

Seit 1814 Königreich der Niederlande. 1830 Aufstand und Abfall Belgiens

1932 Vollendung des Abschlussdeichs: Die ehemalige Zuiderzee wird zum Süßwassersee IJsselmeer

1940–45 Zweiter Weltkrieg. Das Land wird von Deutschland besetzt

1953 Sturmflut in Zeeland. Das Deltaprojekt zur Absicherung der Küste wird beschlossen

1997 Einweihung des Sturmflutwehrs bei Rotterdam

2002 Kronprinz Willem-Alexander heiratet die Argentinierin Máxima Zorreguieta

2004 Islamistisch begründeter Mord am Filmemacher Theo van Gogh

die schon im 17. Jh. auf Grund der wirtschaftlichen Blüte viele Einwanderer aus weniger liberalen Ländern anzogen, eine notwendige Tugend.

Den meisten Besuchern fallen jedoch vor allem das Sprachtalent, der lockere Umgangston und die Kinderfreundlichkeit der Niederländer auf. In Kombination mit den schönen Stränden, guten Wassersportmöglichkeiten und historischen Städten machen diese Trümpfe die niederländische Küste zu einem beliebten Feriengebiet.

Wer sonnige, feinsandige Strände und familiäre Atmosphäre sucht, der wird sich in der südlichsten Provinz Zeeland wohl fühlen. Dies ist auch die Feinschmeckergegend: Muscheln und Fisch, aber auch schwarze Johannisbeeren gehören zu den lokalen Spezialitäten. Am holländischen Abschnitt der Küste, zwischen Katwijk und Bergen, geht es etwas jugendlicher und lebhafter zu. An Sommerwochenenden füllen sich die Strände von Zandvoort und Bloemendaal mit jungen Großstädtern – in der Nebensaison kann man aber auch hier noch stundenlange, einsame Strand- und Dünenspaziergänge machen. Zudem locken die Städte im Hinterland: Orte wie Alkmaar oder Haarlem bieten hübsche historische Ortskerne mit vielen Sehenswürdigkeiten.

Von hier aus ist es nicht weit zum IJsselmeer mit seinen altehrwürdigen VOC-Städtchen und nostalgischen Plattbodenbooten. Noch heute wird man beim Anblick der Segelschiffe, der weiten Wasserflächen und des niedrigen Horizonts an ein Landschafts-

AUFTAKT

gemälde aus dem 17. Jh. erinnert. Etwas herber gibt sich dagegen die verhältnismäßig dünn besiedelte nördlichste Provinz, Friesland, in der man Friesisch spricht und im Winter, falls

> **> Sonnige, feinsandige Strände und historische Städte**

recht. Ein Kontrastprogramm bietet die Hafenstadt Rotterdam. Keine andere niederländische Stadt ist so zukunftsorientiert: Moderne Hochhäuser, der zweitgrößte Seehafen der Welt und eine spannende Kulturszene sorgen für Großstadtflair.

Ob man nun zum Segeln, Radfahren oder Tauchen, wegen der reichen

Sehen und gesehen werden heißt die Devise in Rotterdams Cafés

es einmal richtig friert, unter Eislauffieber leidet. Vor der friesischen Küste liegen die Westfriesischen Inseln, fünf kleine Welten für sich – allen gemein sind die schönen Strände und die ausgedehnten Naturschutzgebiete.

Der Hauch vergangener Zeiten durchweht noch einige küstennahe Großstädte wie Leiden oder Dord-

Kultur oder zum Familienurlaub kommt – die Niederländische Küste kennzeichnet viel Abwechslung. Die Einheimischen strömen im Sommer ebenso eifrig an die Strände und zum IJsselmeer wie ausländische Gäste. Denn einem kann sich keiner entziehen: der Schönheit der endlos langen Strände, des wogenden Dünengrases und der vorbeiziehenden Wolken.

10 | 11

▶▶ TREND GUIDE
NIEDERLÄNDISCHE KÜSTE

Die heißesten Entdeckungen und Hotspots! Unser Szene-Scout zeigt Ihnen, was angesagt ist

Lorenz Brongers
lebt und studiert in Rotterdam und kennt die Trends der Niederländischen Küste wie seine Westentasche. Unseren Szene-Scout trifft man in den angesagten Clubs und Restaurants von Rotterdam und im Sommer am Strand. Warum ihn seine Heimatstadt so fasziniert? Weil dort Raum für neue Entwicklungen geschaffen wird und somit die Szene lebt.

▶▶ AUSGEFALLENES DESIGN

Neue Konzepte für Möbel und Co.

In Sachen Produktdesign spielt die Region in der ersten Liga. Wieki Somers lässt sich gerne vom Thema Wasser inspirieren. Ihre Objekte erzählen Geschichten, die zum Nachdenken anregen sollen (*Nieuwe Haven 91, Rotterdam, www.wiekisomers.com,* Foto). Bei ihrem Badewannenobjekt kombiniert sie Funktion mit ausgefallenen Materialien und erfinderischer Bedeutung. Joris Laarman ist der Star unter Produktdesignern und Architekten. Seine äußerst dekorative Heizung *Heat Wave* im Barock-Look hat schon international Anerkennung gefunden, ebenso der *Bone Chair*, der im *MoMA* in New York gezeigt wurde. Tipp: sein Atelier in Rotterdam (*Marconistraat 52, www.jorislaarman.com*). *Tent* ist eine Plattform junger Designer in Rotterdam (*Witte de Withstraat 50, www.tentrotterdam.nl*).

SZENE

▶▶ NEUES BEWUSSTSEIN

Nachhaltiges Nightlife

Umweltfreundlichkeit und Nachhaltigkeit erobern die Region und machen sogar vor den Clubs nicht halt. Verantwortlich für das Konzept des *Sustainable Dance Club* (www.sustainabledanceclub.com, Foto) sind Enviu und das Atelier für Baukunst *Döll* (www.enviu.org und www.dollab.nl). Ihr Ziel: das Bewusstsein für Ökologie und Umwelt zu schärfen. Wie trendy das gehen kann, erlebt man auf dem *Sustainable Dance Floor*, der beim Tanzen Energie generiert. Außerdem reagiert die Wandfarbe auf Körperwärme und wechselt ihre Farbe. Ökologie und Nightlife fusionieren auch im *WATT* (West-Kruiskade 26, www.watt-rotterdam.nl) in Rotterdam, wo z. B. Biobier serviert und Regenwasser für die Toilettenspülung verwendet wird. Der Multikomplex *Worm* setzt ebenfalls auf Öko. Er wurde zu 90 % aus recycelten Materialien gebaut (Achterhaven 148, Rotterdam, www.wormweb.nl).

▶▶ FUNSPORTMEKKA

In ist, was Action bringt

Neue Varianten von Altbewährtem erobern die Küste. *Stand-up-Paddle-Surfing*, kurz SUP, ist der neueste Schrei in puncto Wassersport: Auf einem Longboard stehend paddeln die Surfer auf den Wellen. Kurse und Equipment gibt's bei *Roha Surfing* in Kamperland (Havenweg

2, www.roha.eu, Foto). Beim Mountainboarding düst man auf einer Mischung aus Skate- und Snowboard Berge und Wege hinab, Mutige springen über Hindernisse. Unterricht gibt's bei *Jonker Funsports* in Renesse (Zeeanemoonweg 8, www.jonkerfunsports.nl).

▶▶ SINGSTAR

Der Weg zum Ruhm

Rotterdam hat sich zum Mekka für Indiebands gemausert. Für die meisten von ihnen beginnt der Weg zum Ruhm mit einem Liveauftritt im *Waterfront Club (Boompjeskade 15, www.waterfront.nl)*. Die Veranstalter betreiben neben dem Club ein eigenes Plattenlabel, Aufnahmestudio und organisieren sogar ein Festival, das Garagenrockbands aus ganz Europa anzieht. Klein angefangen und groß herausgekommen sind die vier Jungs von *The Politics*, die mit ihrem Mix aus Gitarrenrock und Elektropop bereits die Charts stürmten *(www.politicstheband.com)*, oder die Lokalmatadoren *The Madd*, die ihre Fans mit eingängigen 60s-Beats und Indiepop überzeugen *(www.themadd.com, Foto)*.

▶▶ CRAZY MOVIE

Abschied vom Einheitsbrei

Film ab heißt es seit Neuestem an der Niederländischen Küste. Doch mit Hollywood und Mainstream hat der Trend nichts am Hut. Die Festivals beschäftigen sich mit außergewöhnlichen Themen, die sonst so in den Kinos nicht zu sehen sind. Das *North Sea Film Festival* in Den Haag *(www.northseafilmfestival.com, Foto)* – eine Art Unterwasserfilmfestival – ist das jüngste Filmfestival in der Region. Die Faszination der Unterwasserwelt wird hier zum Thema gemacht. Beim *Shoot Me Film Festival* in Den Haag *(www.shoot-me.nl)* stehen Filme im Mittelpunkt, die von Subkulturen und menschlichen Obsessionen handeln. Schicksale werden aus politischen und sozialen Blickwinkeln betrachtet – ein Festival, das die Welt so zeigen will, wie sie wirklich ist. 13 ungewöhnliche Locations wie eine mystische Kapelle oder ein Reitstall dienen dabei als Spielstätte. Innovative und experimentelle Filme zeigt das *International Film Festival Rotterdam (www.filmfestivalrotterdam.com)*. Wer in der kurzen Zeit zwischen den Terminen trotzdem nicht auf außergewöhnliche Movies verzichten will, geht ins *Filmhuis Den Haag (Spui 191, Den Haag, www.filmhuisdenhaag.nl)*.

▶▶ SZENE

▶▶ PERFEKTE SCHLAFSTÄTTEN

Träume werden wahr

Luxushotels waren gestern, Rotterdam und Co. setzen auf Billigunterkünfte. Wer jetzt an grauen PVC-Jugendherbergslook denkt, liegt völlig falsch: Die Hotels bestechen durch Charme und Gemütlichkeit. *Bazar* in Rotterdam beeindruckt Sparfüchse mit südamerikanischen, orientalischen oder afrikanischen Räumen für 75 Euro pro Doppelzimmer *(Witte de Withstraat 16, www.bazarrotterdam.com, Foto)*. Noch günstiger wird's im *Stayokay Hostel* in Texel *(Haffelderweg 29, Den Burg, www.stayokay.com)*. Übernachtet wird hier ab 22,50 Euro. Im *Hostel Room* in Rotterdam warten 16 Zimmer mit Themen wie Park oder Sport ab 15 Euro pro Bett *(Van Vollenhovenstraat 62, www.roomrotterdam.nl)*.

▶▶ SZENETREFFPUNKT

Feiern – aber bitte mit Stil

Die Strandpavillons aus den 50ern werden aufgepeppt und wirken auf die Partypeople wie Magneten. Glamour wird dabei großgeschrieben! Im Beachclub *Doen* treffen sich die Schönen und Reichen der Region zum Feiern, Musikhören und Tanzen *(Strandweg 9, Scheveningen, http://new.zamen.nl, Foto)*. Der Beachclub *Miljonairs (Strandweg 51, Scheveningen, www.miljonairs.tv)* macht seinem Namen alle Ehre. An der großen Bar fließt der Champagner in Strömen. Im *WIJ* genießt man kreative Küche und den Ausblick *(Strandweg 1, Scheveningen)*.

▶▶ HUISKAMER-RESTAURANTS

Gastro-Trend: Der Koch kocht zu Hause

Huiskamer-Restaurants (= Wohnzimmer-Restaurants) sind in! Dabei laden Hobbyköche zum Dinner in ihre eigenen vier Wände. Für rund 30 Euro pro Menü können Wildfremde schlemmen und zusammen einen Abend verbringen. Über internationale Köstlichkeiten dürfen sich die Gäste von Peter und Hilda freuen *(Rijksstraatweg 5, Schalsum, www.de-bijkeuken.nl)*, Ron Belt lädt zu sich nach Zoeterwoude ein *(Essenlaan 4, www.kokaanhuis.com)*. Termine über die Webseiten.

Bild: See bei Zandvoort

> VON COFFEESHOPS BIS WINDMÜHLEN

Deiche und Dünen, Kolonialmacht und Königshaus:
Leitfaden durch ein eigenwilliges Land

COFFEESHOPS

Die Niederlande sind das einzige Land Europas, in dem es sogenannte Coffeeshops gibt, Cafés, in denen weiche Drogen wie Haschisch und Marihuana gekauft bzw. konsumiert werden dürfen. Der Besitz ist nicht legal, aber die Verfolgung dieses Delikts hat eine sehr niedrige Priorität. Wer nicht mehr als 30 g bei sich trägt, bekommt keine Probleme mit der Polizei. Auch der Eigenanbau von Hanf wird toleriert, allerdings dürfen es nicht mehr als fünf Pflanzen sein.

DEICHE

Römer waren es, die die ersten Deiche entlang der Flüsse anlegten. Erst um das Jahr 1000 begannen die Holländer mit dem Bau von Deichen an der Küste und machten damit eine dauerhafte Besiedlung des Landes

STICH
WORTE

möglich. Auf den Warften – aufgeschüttete Hügel – wurden Bauernhöfe und Kirchen errichtet. Die Sorge für den Unterhalt der Deiche lag beim Deichgrafen. Um Inseln und Strände, etwa bei Scheveningen, auf Texel oder in Nordholland, vor einer Abtragung durch die Fluten zu bewahren, werden aufwendige Sandaufspülungen vorgenommen. Auch die Flüsse sind mit Deichen versehen, die allerdings nicht halten: 1995 mussten wegen Überflutung von Maas und Rhein 250 000 Menschen evakuiert werden.

DELTAWERKE UND OOSTERSCHELDE

Rund 5,5 Mio. Euro wurden für das sogenannte Deltaprojekt zum Schutz des Hinterlandes in Zeeland ausgegeben – das wohl kostspieligste Wasser-

16 | 17

bauprojekt der Welt. Das Oosterscheldewehr hat 65 Öffnungen, jede von ihnen ist 40 m breit. Bei normalem Wasserstand hat das Meerwasser freien Zugang in die Mündungsarme der Flüsse Rhein, Maas und Schelde, nur in Sturmflutzeiten werden die Tore geschlossen. Die Oosterschelde ist ein beliebtes Überwinterungsquartier von Vögeln. Ihre Artenvielfalt und hohe Population ist bemerkenswert. Auch die Seehunde fühlen sich wohl. An warmen Sommertagen werden mittlerweile wieder bis zu 30 Tiere gezählt.

DÜNEN

Dünen prägen das Gesicht aller niederländischen Inseln und der Küste von Den Helder bis nach Belgien. Das Dünensystem entstand etwa im 12. Jh. Bis heute ist nicht sicher, was den plötzlichen Sandzuwachs verursachte. Man vermutet, dass das Abschlagen der Wälder im Inland dazu beitrug. Dabei wurde eine Menge Sand freigesetzt, der sich mit den Ablagerungen, die die Flüsse Rhein und Maas seit Jahrhunderten an die Küste getragen hatten, vermischte. Dünen werden im Laufe der Zeit von Gräsern überwuchert. Wird die Pflanzendecke zerstört, trägt der Wind sie ab,

Der Oosterscheldedamm schützt das Hinterland vor Überschwemmungen

und das Wasser hat freien Zulauf. Der Schutz der Dünen gehört daher zu den vordringlichen Aufgaben der niederländischen Behörden.

HOLLAND

Holland ist eigentlich nur ein Teil der Niederlande, der aus den zwei Provinzen Nord- und Südholland besteht. Da diese Provinzen, in denen mit Amsterdam, Rotterdam und Den Haag die bedeutendsten Städte des Landes liegen, schon seit Jahrhunderten eine wirtschaftliche und kulturelle Vormachtstellung haben, wurde „Holland" im deutschen Sprachge-

> *www.marcopolo.de/niederlande-kueste*

STICHWORTE

brauch zum Synonym für die Niederlande. Doch es kann schon passieren, dass ein Friese oder Zeeländer etwas verschnupft reagiert, wenn man ihn als Holländer bezeichnet.

KÖNIGSHAUS ORANIEN-NASSAU

Stammvater des Königshauses Oranien-Nassau ist Wilhelm I. von Nassau, der 1533 im hessischen Dillenburg geboren wurde. Er war unter Karl V. Statthalter von Holland, Zeeland und Utrecht. Im Zuge der Auflehnung des Adels gegen die radikale katholische Machtpolitik Philipps II. von Spanien (Sohn Karls V.) setzte sich Willem von Oranje an die Spitze der Aufständischen. Er wurde 1584 ermordet. Der Freiheitskampf gegen Spanien endete erst mit dem Westfälischen Frieden 1648. Die Oranier blieben weiterhin Statthalter des Landes.

Erster König der Vereinigten Niederlande wurde König Willem I. (regierte 1813–40). Die heutige Königinmutter Juliana regierte bis 1980. Seitdem ist Beatrix Königin der Niederlande. 1966 heiratete sie den deutschen Diplomaten Claus von Amsberg, der 2002 verstarb. Der älteste ihrer drei Söhne, Prinz Willem-Alexander, heiratete im Februar 2002 die Argentinierin Máxima Zorreguieta.

KOLONIALMACHT

Ebenso wie andere Kolonialmächte kamen die Niederlande durch Ausbeutung und Sklaverei zu Reichtum. Um die zerrütteten Staatsfinanzen im 19. Jh. zu sanieren, führte man für die Kolonie Nederlands-Indië (heutiges Indonesien) das *cultuurstelsel* ein, ein Zwangsanbausystem für Kaffee, Tee, Tabak, Zimt und Indigo, dessen Ertrag zwischen 1830 und 1870 ca. 375 Mio. Euro betrug. Mit diesem „Blutgeld" bauten die Niederländer Deiche sowie Schulen, senkten Steuern und begannen mit dem zügigen Ausbau der Infrastruktur ihres Landes. Erst 1862, 30 Jahre nachdem England die Sklaverei abgeschafft hatte, entschlossen sich auch die Niederlande zu diesem Schritt. Nach dem Zweiten Weltkrieg führten sie noch zwei Kriege in Indonesien, um die Unabhängigkeit des Landes zu verhindern. Der Freiheitskampf (1945 bis 1949) kostete rund 200 000 Indonesier das Leben.

LAMSOREN

Wer auf der Speisekarte die Zutat *lamsoren* entdeckt, muss nicht fürchten, dass ihm die Hörorgane von Schafen serviert werden. *Lamsoor* (deutsch: Halligflieder) ist ein Gewächs aus den Dünen, das sich – ebenso wie seine Artgenossen *zeekraal* oder *zeeaster* – in letzter Zeit steigender Beliebtheit bei Gourmets erfreut. Die Gemüse schmecken nach Meer: frisch, knackig und leicht salzig. Da etwa ein Drittel des niederländischen Bodens einen sehr hohen Salzgehalt hat, auf dem nicht alle Pflanzen wachsen, gelten sie als Hoffnung für die Zukunft der Landwirtschaft.

MALEREI

Im Goldenen Zeitalter entstand ein reger bürgerlicher Kunstmarkt. Reiche

Kaufleute verlangten nach Gemälden, die ihre Lebenswelt naturgetreu darstellten, aber auch moralische Botschaften enthielten. Porträt-, Genre- und Landschaftsmalerei florierten. Die berühmtesten Vertreter waren Rembrandt van Rijn (1606–69), Jan Vermeer van Delft (1632–75), Jan Steen (1626–79) und Jacob van Ruisdael (1628–82). Markenzeichen der niederländischen Malerei war ihr Realismus.

NATIONALPARKS

Unter den zwanzig niederländischen Nationalparks befinden sich auch einige Küstenregionen, wie die Kennemerduinen, der Biesbosch bei Dordrecht, das Wattenmeer und die Insel Schiermonnikoog. Außerdem gibt es zahlreiche kleinere Naturschutzgebiete, etwa Het Oerd im Osten Amelands, wo man auf über 50 Vogelarten trifft, das Sandgebiet Vliehors auf Vlieland oder De Muy auf Texel. Auch die meisten Dünengebiete stehen unter Naturschutz und dürfen nur mit Eintrittskarte betreten werden (im Tourismusbüro oder am Bahnhof erhältlich).

POLDER

Polder, eingedeichtes Grünland, das von schnurgeraden Wassergräben durchzogen ist, gibt es auf allen Inseln und hinter der Küste. Polderwiesen gelten als gute Viehweiden. Es waren Zisterziensermönche, die im 13. Jh. mit der Einpolderung von Land in Friesland und Zeeland begannen. Erst mit dem Einsatz von Windmühlen im 15. Jh., die das tief liegende Land leerpumpen konnten, wurde das Einpoldern effektiv. Ein besonders großer Polder entstand im südlichen IJsselmeer: der Flevoland-Polder.

SPRACHE

Die Amts- und Umgangssprache ist Niederländisch. In Europa wird es von 21 Mio. Menschen gesprochen, von den Niederländern und den 6 Mio. Flamen in Belgien (Flämisch). Friesisch ist in Friesland als Minderheitensprache anerkannt und wird an den dortigen Schulen gelehrt. In Zeeland hört man noch oft den Dialekt Zeeuws, der dem Flämischen sehr ähnlich ist.

MOSSELEN UND OESTERS
Leckeres Meeresgetier lebt vor allem in Zeeland

Die leckersten Muscheln werden in der Oosterschelde in Zeeland gezüchtet, aber auch im Wattenmeer gibt es Muschelbänke. Größte Liebhaber der Austern *(oesters)* und Miesmuscheln *(mosselen)* sind die Belgier: Jedes Jahr im September pilgern sie in Scharen ins Nachbarland. Die Hälfte der Muschelsaat wurde bis vor kurzem aus Irland importiert, da es nicht genügend einheimische Muscheln gab, um die Nachfrage zu befriedigen. Anfang 2006 wurde ihre Aussaat aus Sorge um das Ökosystem verboten; die Bedenken sind verständlich: Die japanische Auster, die in den 1960er-Jahren ausgesetzt wurde, gilt inzwischen als Plage, weil sie die Larven einheimischer Muscheln frisst.

STICHWORTE

STRANDHÜTTEN

Im Sommer sind holländische Strände gesäumt von Holzhütten. Die kleineren Reihenhütten, welche deutschen Schrebergartenhäuschen ähneln, sind einfache Wochenendhäuser und werden pro Saison an Privatleute vermietet. In den größeren Hütten mit Terrasse befinden sich meist Cafés oder Restaurants. Eines haben sie aber alle gemeinsam: Im Herbst werden sie komplett demontiert und erst nach den großen Stürmen im Frühling wieder aufgebaut.

VOC UND WIC

In Middelburg oder Hoorn, in Delft oder Haarlem – überall an der Niederländischen Küste wird man auf Bauwerke und Spuren der Vereinigten Ostindischen Kompanie treffen. 1602 wurde die „Verenigde Oostindische Compagnie" (VOC) in Amsterdam gegründet. Sie hatte das alleinige Recht, in der östlichen Hemisphäre einen Wirtschaftskrieg gegen Portugal und Spanien zu führen und eine Kriegsflotte und ein Heer zu unterhalten. Sie durfte eigene Münzen prägen und Verträge abschließen. Die VOC wurde von den „Heeren XVII", dem Direktorium, streng geführt. Als die VOC am 31. Dezember 1799 formell aufgelöst wurde, stand ihr Name für „Vergaan Onder Corruptie", also „untergegangen an Korruption". Zwischen 1602 und 1799 fuhren insgesamt 622000 Personen auf 4510 VOC-Schiffen nach Asien. Die Schwestergesellschaft, die „Westindische Compagnie" (WIC), trieb Handel mit Afrika und Amerika, war führend im Sklavenhandel und gründete Neu-Amsterdam, das heutige New York.

Die Windmühle von Kinderdijk ist eine von 980 denkmalgeschützten Mühlen

WINDMÜHLEN

Die allgegenwärtigen Mühlen wurden mit der Einpolderung von Land seit dem 15. Jh. wirtschaftlich eingesetzt. Von den ausgeklügelten Windmaschinen existieren noch etwa 980. Sie sind denkmalgeschützt. Die schönsten Ansammlungen sieht man in Kinderdijk, in Zaandam und in Schermer bei Alkmaar. Mit einer Flügelspannweite von 28 m treiben Windmühlen eine Schraubwinde an, die das Wasser aus Gräben in höher gelegene Kanäle hebt. Außer Poldermühlen gab es Getreide-, Öl- und Tabakmühlen.

FESTIVALS UND VIEL MEER

Folklore, Konzerte und Strandfeste bestimmen den niederländischen Festkalender

> Die Küsten- und Inselorte bieten ihren Gästen ein breites Unterhaltungsprogramm. Jahrmärkte, Dorffeste, Konzerte: Alle Veranstaltungen werden von den Verkehrsämtern bekannt gegeben. Großer Beliebtheit erfreuen sich die *Segelregatten* in Friesland sowie das *Festival von Zeeland*. Auch das *Oerol-Festival* wird seit Jahren auf Terschelling mit großer Begeisterung gefeiert. Ein Höhepunkt des Festjahres ist der 30. April: der *Koninginnedag*, an dem der Geburtstag der Königin im ganzen Land mit vielen Märkten gefeiert wird. Tatsächlich ist dies aber der Geburtstag von Königinmutter Juliana.

OFFIZIELLE FEIERTAGE

1. Januar *Neujahrstag;* **März/April** *Karfreitag, Ostermontag;* **30. April** *Koninginnedag;* **4. Mai** *Nationaler Gedenktag für die Opfer des Zweiten Weltkrieges;* **5. Mai** *Nationaler Gedenktag zur Befreiung von der deutschen Besatzung (nur alle 5 Jahre ein offizieller Feiertag);* **Mai** *Christi Himmelfahrt;* **Mai/Juni** *Pfingstmontag;* **25./26. Dezember** *Weihnachten*

FESTE UND LOKALE VERANSTALTUNGEN

Januar
Scheveningen: *Nieuwjaarsduik*. Neujahrsschwimmen in der Nordsee

März
★ Keukenhof (Lisse): tollste *Blumenshow* der Niederlande. *Ab Ende März* Alkmaar: *Käsemarkt*. Von Ende März bis Anfang Sept. ist der traditionelle Markt Touristenattraktion Nummer eins in der Region *(Fr 10–12.30 Uhr)*

April
★ *Koninginnedag*. Feuchtfröhliches Fest zum Nationalfeiertag. *30. April*

Mai
Nationaler Mühlentag. Am zweiten Samstag ist Tag der offenen Mühlen im ganzen Land

Juni
Scheveningen: *Vlaggetjesdag*. Traditionelles Fischerfest zur Eröffnung

Aktuelle Events weltweit auf www.marcopolo.de/events

> EVENTS
FESTE & MEHR

der Heringssaison. *Anfang Juni*
Den Haag: *Pasar Malam Besar*. Beliebter indonesischer Jahrmarkt. *Mitte–Ende Juni, tgl. 12–23 Uhr*

Insider Tipp: Terschelling: *Oerol-Festival.* 10 Tage Theater und Konzerte auf der Insel. *Mitte–Ende Juni*

Den Haag: *Parkpop*. Größtes niederländisches Gratis-Popfestival im Zuiderpark. *Ende Juni*
Gouda: *Käsemarkt. Mitte Juni–Ende Aug., jeden Do 10–12.30 Uhr*

Juli
Leiden: *Lakenfeesten*. Sonntäglicher Tuchmarkt, Kirmes und Musik. *Anfang Juli*
Rotterdam: *North Sea Jazz Festival*. Dreitägiges Jazzfestival mit Auftritten internationaler Stars. *Mitte Juli*
Schagen: *Westfriesischer Markt*. Jeden Do findet ein folkloristischer Markt statt. *Juli–Anfang Sept*.
Kinderdijk: *Mühlentage*. Windmühlen sind jeden Samstag in Betrieb. *Juli–Ende Aug.*
★ *Skûtsjesilen.* Regatten zwischen friesischen Plattenbodenschiffen an zehn Orten in Friesland. *Ende Juli–Mitte Aug.*

August
Sneek: *Sneekweek*. Segelfest in der ersten Augustwoche
Yerseke: *Muscheltag*. Muschelessen satt und Fischerfest. *3. Sa im Aug.*
Scheveningen: dreitägiges *Internationales Feuerwerkfestival* am Pier. *Mitte Aug.*

September
Rotterdam: *Welthafentage*. Am ersten Wochenende

Insider Tipp: *Nazomer Festival Zeeland.* 125 Aufführungen in historischen Gebäuden in der ganzen Provinz. *Anfang Sept.*
Open Monumentendag. Landesweit öffnen zwei Tage lang Tausende denkmalgeschützte Gebäude ihre Türen für Besucher. *2. Septemberwochenende*

Dezember
Sinterklaas. Der niederländische Nikolaus kommt am 5. Dez.

> LAND DER SAUCE HOLLANDAISE
Zu den bekanntesten Produkten gehören Käse, Tomaten, Lammfleisch, Muscheln, Aal und natürlich der Hering

> *Nieuwe maatjes* und die indonesische *rijsttafel*, ein mehrgängiges Reisgericht, sind die Eckpfeiler der niederländischen Küche. Merkwürdige Kombination, mag man denken, doch für die Nation der Seefahrer und Kaufleute ist sie typisch.

Der junge Matjes, ein noch nicht geschlechtsreifer Hering, muss silbern glänzen und darf am Rückgrat nicht dunkelrot angelaufen sein. Darüber hinaus muss er fett und *lekker mals* (zart) sein. Er wird nach dem Fang an Bord gekehlt, so wie es sich seit dem 14. Jh. in den Niederlanden gehört, und roh verspeist. Jungen Hering gibt es nur in den Monaten Mai und Juni. Was in der übrigen Zeit als junger Hering verkauft wird, kommt meist aus der Tiefkühltruhe.

An der Küste stehen natürlich Fisch, Krabben, Muscheln und Austern auf vielen Speisekarten: Wer an die Niederländische Küste oder auf die Inseln fährt, verlangt nach fri-

Bild: Museumscafé in Hindeloopen

ESSEN & TRINKEN

schem Fisch. Fischkutter, die Fisch anlanden, gibt es nur noch wenige, etwa auf Texel, in Scheveningen oder Zeeland. Als Alternative bieten sich Fischbuden an, die eine Auswahl an Meerestieren bereithalten. Besonders an den Stränden findet man oft vom Trecker gezogene Fischläden. Hier bekommt man Frittiertes: Fischstäbchen, Muscheln, *lekkerbek* (ein in heißem Öl gebackenes Kabeljaufilet) mit vielen bunten Saucen.

In den Strandpavillons gibt es Tellergerichte, die in erster Linie sättigend sind. Bekannt ist das *Duitse biefstuk*, eine Frikadelle. Oft werden auch Eintöpfe angeboten, etwa *hutspot* oder *erwtensoep,* Erbsensuppe. Eine Besonderheit sind die *borrelhapjes,* Häppchen, die man zwischendurch oder zum Aperitif isst: die frittierten *bitterballen* (Fleisch-Bechamelsaucen-Gemisch), *poffertjes,* Pommes frites sowie belegte Brötchen. Spitzen-

24 | 25

reiter sind warme Kroketten, die man an den Imbissstuben aus dem Automaten an der Wand zieht. „Aus der Mauer essen" nennt man das.

Käse spielt eine nicht unwesentliche Rolle auf dem täglichen Speiseplan. Das Produkt, das die Bauern schon seit Jahrhunderten herstellen, fehlt weder mittags zwischen den Brotscheiben noch abends als Snack beim Aperitif. Für Letzteren wird der Käse in etwa 2 cm große Würfel geschnitten und vor dem Verzehr in scharfen Senf getunkt.

Kulinarisch gesehen haben sich die Niederlande in den letzten Jahren

> SPEZIALITÄTEN

Genießen Sie die typisch niederländische Küche!

appeltaart met slagroom – Apfelkuchen mit Sahne
beerenburger – Kräuterschnaps
bitterballen – gefüllte, frittierte Kroketten
bolus – Gebäck aus Brotteig, mit Zimt und Zucker übergossen; zeeländische Spezialität
boerenkool met worst – Eintopfgericht mit Grünkohl und Kartoffeln; wird mit Wurst serviert
broodje makreel – Brötchen mit Makrelenfilets
broodje paling – Brötchen mit Aal und Zwiebeln

genever – Wacholderschnaps
gevulde koek – große, runde, mit Marzipan gefüllte Biskuits
hagelslag – Schokostreusel, die sich Kinder (zum Frühstück) aufs Butterbrot streuen
hutspot – Eintopf mit Rindfleisch, Möhren und Kartoffeln
kees boontje – Schnaps von der Insel Texel
kibbeling – frittierte Stücke Kabeljau
koffie verkeerd – Kaffee mit viel Milch
krentenbol – Rosinenbrötchen (Foto)
ontbijtkoek – Honigkuchen mit Koriander oder Ingwer
ossenworst – Rindfleischwurst (ursprünglich jüdische Spezialität)
pannenkoeken – Pfannkuchen
patat met pindasaus – Portion Pommes mit Erdnussbuttersauce
uitsmijter – strammer Max auf Toastbrot
vlammetjes – Mini-Frühlingsrollen in heißem Öl gebacken
zeeuwse babbelaars – Karamellbonbons mit Essig
zeeuwse hachee – Muschelpfanne mit Senf
zure bom – in Essig eingelegte Salzgurke

drop – Lakritzbonbons süß oder salzig – mit Honig oder Salmiak
garnalenkroket – in heißem Öl gebackenes Kartoffel-Crevetten-Gemisch

ESSEN & TRINKEN

von der Wüste zur Steppe entwickelt, es grünt hier und da, und an manchen Stellen blüht es sogar. Die traditionelle niederländische Hausmannskost ist sehr nahrhaft: Kartoffeln, Fleisch oder Fisch und Gemüse bilden die Grundlage fast jeder Mahlzeit. In den gehobenen Restaurants werden diese Zutaten mit den Eigenheiten der flämischen oder französischen Küche variiert. Neuerdings wird auch wieder vermehrt auf die regionale Küche gesetzt: etwa in Zeeland, wo die Küche der bretonischen ähnelt, da sie auch auf eine Kombination der Produkte vom Land und aus dem Wasser zurückgreift. Basis der zeeländischen regionalen Küche sind Fisch, Garnelen, Muscheln, Algen, Austern, Geflügel, Lamm und Rindfleisch (die Schafe und Rinder fressen salzhaltiges Gras, ihr Fleisch ist daher von Natur aus etwas salzig). Aus schwarzen Johannisbeeren werden Fruchtwein, Marmelade und *crème de cassis de Zélande* gewonnen, aus biologischem Mehl das schmackhafte *vlegelbrood*. Eine Besonderheit sind die köstlichen Grünpflanzen aus dem Wasser: *zeesla*, *zeewier*, *zeeaster* und *lamsoren*.

Typisch in den Niederlanden sind die *eetcafés*, hier kann in entspannter Atmosphäre getrunken und gegessen werden. Es gibt mittlerweile mehr als 2500 *eetcafés*, und ihre Zahl steigt stetig. Im Trend liegt auch die so genannte Fusion-Küche, die ganz spezielle Gaumenfreuden bietet. Gerichte aus verschiedenen Erdteilen werden miteinander kombiniert: osteuropäische mit amerikanischer, karibische mit südamerikanischer Küche.

Besondere Wertschätzung erfahren die exotischen Restaurants: An der Spitze steht chinesisch-indonesisch, auch indisch genannt. Dabei handelt es sich nicht um indische, sondern um

Lecker: Brötchen mit jungem Matjes

ostasiatische Küche, und der Name leitet sich von der früheren holländischen Kolonie Nederlands-Indië ab.

Die Trinksitten haben sich gewandelt: Es wird immer weniger Heineken getrunken. Auch des Genevers große Zeit ist vorbei. Bevorzugt werden limburgische und belgische Biere. Der Weinkonsum hat sich in den letzten Jahren vervielfacht – dafür trinken die Niederländer immer weniger Milch.

VON KERAMIK BIS KÄSE

Man findet Nützliches wie Pullover, Kulinarisches wie Schafskäse und Schönes wie altes Silber und Kacheln

> Die Zahl der Läden, die Ausgefallenes verkaufen, ist relativ bescheiden, aber Urlauber, die suchen, finden alles, was sie als Souvenirs für die Daheimgebliebenen brauchen. Außer Decken und Pullovern aus Texeler Lammwolle, wegen ihres hohen Fettgehalts besonders warm und daher empfehlenswert für Rheumatiker, sind kulinarische Souvenirs beliebt.

ALKOHOL

Fantasievoll sind da die Namen und Begriffe für die zahllosen friesischen Schnäpse und Inselliköre. Das Angebot reicht vom *beerenburger* (ein Kräuterbitter aus Friesland) bis hin zu *kees boontje* (Schnaps von der Insel Texel). Bekanntester Klassiker ist jedoch der Wacholderschnaps Genever, den es in den Varianten *oud* (alt) oder *jong* (jung) gibt. Mit der Lagerzeit hat das nichts zu tun. *Jonge genever* wurde erst nach dem Zweiten Weltkrieg erfunden und wird anders destilliert, wodurch er weniger Aroma hat, aber auch günstiger ist. *Zeer oude genever* hingegen wird mindestens ein Jahr gelagert, hat eine bräunliche Farbe und kann sogar fast wie Whiskey schmecken.

ASIATISCHE LEBENSMITTEL

Dank der Allgegenwart der asiatischen Küche ist die Auswahl an asiatischen Gewürzen und Zutaten in niederländischen Supermärkten sehr groß und vor allem günstig. Sie mögen zwar nicht unbedingt typisch niederländisch sein, aber für Liebhaber lohnt sich der Einkauf.

DELFTER KERAMIK

Auch Delfter Keramik gehört überall zum Angebot, ist aber oft „Made in China". Wer Qualitätsware kaufen möchte, sollte darauf achten, dass die Stücke von *Koninklijke Porceleyne Fles* stammen. Erschwinglicher als die Traditionskeramik aus Delft sind die Produkte der friesischen Keramikmanufaktur *Koninklijke Tichelaar Makkum*, zu deren Programm inzwischen auch moderne Designobjekte gehören.

> EINKAUFEN

KÄSE

Ein besonderes, köstliches Mitbringsel ist Schafskäse von der Insel Texel. Die Delikatesse in Kugelform hat ein starkes Aroma. Sie wird der großen Nachfrage wegen auch auf dem Festland imitiert – allerdings mit weniger Geschmack, wie Kenner behaupten. Echter, mit der Hand geformter Schyler Käse von Terschelling kommt als Mitbringsel zu Hause auch gut an. Typisch niederländische Varianten sind auch Bauernkäse mit Brennnesseln, Kreuzkümmel oder pikantem Sambal. Eine echte Köstlichkeit ist der zwei Jahre gereifte *Reypenaar VSOP* aus Woerden. Zu altem und würzigem Käse wird in Holland oft *appelstroop* serviert, ein süßsaurer Apfelsirup, der ebenfalls ein prima Mitbringsel abgibt.

KUNSTHANDWERK

Natürlich findet man in den Urlaubsorten auch Kunsthandwerker, die Getöpfertes, Schmuck, Aquarelle und Ölgemälde mit Insel-, Nordsee- oder Küstenmotiven verkaufen.

SÜSSES

Als Mitbringsel eignet sich auch köstliche Marmelade oder eine Flasche Wein aus den unseren Preiselbeeren ähnlichen *cranberries,* die ursprünglich aus Amerika kommen und inzwischen auf Terschelling und Vlieland wachsen. Hervorragende Pralinen aus feiner Schokolade und ein tiefroter Dessertwein aus schwarzen Johannisbeeren, die in Zeeland auf Plantagen heranreifen – das sind Souvenirs, die auch Freunden zu Hause gefallen. Wer Süßes mag, kann Zuckerbrot, Drops oder Spekulatius, Möweneier oder Muscheln aus Schokolade erwerben.

TRÖDEL

Kein Mangel herrscht an Antiquitäten- oder auch Trödelhändlern, die alte Kacheln, Weinflaschen (teilweise aus illegalen Tauchexkursionen nach historischen Schiffswracks, die vor der Küste auf dem Meeresgrund liegen), Möbel, Schiffskarten oder Schiffsuhren, Muscheln vom Nordseestrand oder aus der Südsee anbieten.

> DER SONNIGE SÜDWESTEN

Das Lieblingsziel vieler Urlauber: schäumende Wellen, feinsandige Strände und Wasser, so weit das Auge reicht

> Zeeland, im Mündungsgebiet von Rhein, Maas und Schelde gelegen, zählt seiner weiten Strände und des klaren Wassers in der Oosterschelde wegen zu den beliebtesten Ferienzielen Hollands.

Die Meeresprovinz, die die meisten Sonnenstunden der Niederlande zu bieten hat, umfasst das zeeländische Flandern (Zeeuws Vlaanderen) mit dem Badeort Cadzand, die Inseln bzw. Halbinseln Walcheren, Schouwen-Duiveland, Tholen, Zuid- und Noord-Beveland. Auf den Inseln Schouwen-Duiveland (bei Haamstede) und Walcheren (bei Domburg) gibt es bewaldete Dünenstriche. Der Ort Vrouwenpolder auf Walcheren ist ein noch relativ unbekanntes Ziel, während es in und um Renesse in der Sommersaison turbulent zugeht.

Hauptattraktion der Provinz sind zweifellos ihre Strände, aber auch das Hinterland hat einiges zu bieten. Weite Polder laden zum Radeln ein,

Bild: Hafen und Campveerse Toren in Veere

ZEELAND

historische Städtchen wie Zierikzee, Brouwershaven oder Middelburg erzählen von der Vergangenheit, und die Gourmetrestaurants von Yerseke und Zeeuws Vlaanderen tischen erstklassiges Meeresgetier auf.

Bei aller Idylle hat der ewige Kampf gegen das Wasser nirgendwo deutlichere Spuren hinterlassen als in Zeeland. Seit der großen Sturmflut von 1953 hat sich das Gesicht der Provinz stark verändert. In den 1970er- und 1980er-Jahren wurden im Rahmen des Deltaprojekts sämtliche Meeresarme zwischen Brielle und Zierikzee abgeschlossen und die Inseln Zeelands dauerhaft mit dem Festland verbunden. Die Niederländer begrüßten den Bau der Dämme, Wehre und Schleusen, denn so wurde nicht nur die Nordsee gebändigt, sondern es entstanden auch touristische Attraktionen von Weltrang, wie der eindrucksvolle Oosterscheldedamm.

MIDDELBURG

Geschäftiges Markttreiben in Middelburg

An der Seekante Zeelands liegen die Badeorte Haamstede, Renesse, Valkenisse, Hanstede und Domburg mit ihren schönen ★ Sandstränden. In Domburg, dem ältesten Seebad der Niederlande, gab es bereits 1834 Badekarren, und um die Jahrhundertwende vom 19. zum 20. Jh. war es sogar Künstlerkolonie. Die abgeriegelten Seearme, Grevelingen und Veerse Gat, sind heute großartige Wassersportseen.

MIDDELBURG

[120 B4] **Die Hauptstadt Zeelands (47 000 Ew.) war während Hollands Goldenem Zeitalter, dem 17. Jh., neben Amsterdam die reichste Stadt des Landes.** Handel auf der Ostsee, aber auch Sklavenhandel, Kaperfahrt und Piraterie waren ihre Einnahmequellen. Der Wohlstand spiegelt sich in den Herrenhäusern jener Zeit. Die europäische Denkmalstadt überrascht durch stille Gassen an den Grachten, durch herrliche Profan- und Sakralbauten. Im 16. Jh. war Middelburg einer der wichtigsten Sitze der Vereinigten Ostindischen Kompanie. 1940 brannte die Stadt nach einem deutschen Luftangriff ab. In der Folgezeit wurde sie in beispielhafter Weise rekonstruiert.

SEHENSWERTES

ABTEI (ONZE LIEVE VROUWE ABDIJ) ★
Der Backsteinkomplex aus dem 12. Jh. wurde während des Zweiten Weltkrieges total zerstört. Im spätgotischen Stil wieder aufgebaut, wird das Kloster heute wie eh und je vom 85 m hohen, achteckigen Turm *Lange Jan* überragt, sodass man sich wieder ins Mittelalter zurückversetzt fühlen kann. In der Abtei befindet sich die Provinzverwaltung und das *Zeeuws Museum März–Okt. Di–Do, Sa/So 10–17 Uhr, Fr 10–21 Uhr; Nov–Feb Mi/Do, Sa/So 10–17 Uhr, Fr 10–21 Uhr | Eintritt 8 Euro | Abdij | www.zeeuwsmuseum.nl | Turmbesteigungen: Mitte März–Mai und Sept./Okt. Mo 13–16, Di–So 10–16 Uhr, Juni–Aug. tgl. 10–17 Uhr | Eintritt 3,50 Euro*

STADHUIS
Das Rathaus wurde von der flämischen Architektenfamilie Kelderman 1452–58 erbaut und erinnert an das von Brüssel. Es gilt als der schönste Profanbau des Landes. Die Fassade schmücken die 25 Grafen und Gräfinnen von Zeeland. Im Zweiten Weltkrieg brannte auch das Stadhuis ab, wurde aber später wieder aufge-

> www.marcopolo.de/niederlande-kueste

ZEELAND

baut. Sehenswerter Markt auf dem Rathausplatz am Donnerstag.

ESSEN & TRINKEN

DE EETKAMER

Brasserie in historischer Umgebung. Hier wird hervorragend und würzig gekocht. Für Lunch reservieren. *Di–Sa | Wagenaarstraat 13–15 | Tel. 01 18/63 56 76 | €€€*

SURABAYA

Eine gute Adresse, um die indonesische Küche zu probieren. *Di–So | Stationsstraat 20 | Tel. 01 18/ 63 59 14 | €*

ÜBERNACHTEN

GRAND HOTEL DU COMMERCE 🔊

Stilvolles Stadthotel mit Plüsch. *45 Zi. | Loskade 1 | Tel. 03 47/ 75 04 05 | Fax 01 18/62 64 00 | www.hotelducommerce.nl | €*

DE NIEUWE DOELEN 🔊

Komforthotel nahe dem Bahnhof mit Restaurant, Garten und gemütlicher Bar. *26 Zi. | Loskade 3–7 | Tel. 01 18/ 61 21 21 | Fax 63 66 99 | www.hotel denieuwedoelen.nl | €€*

AUSKUNFT

VVV

Touristeninformation für Walcheren und Noord-Beveland. *Domburg | Postbus 8 | Tel. 09 00/168 68 86 (Reservierung und Information) | www.vvvzeeland.nl*

ZIELE IN DER UMGEBUNG

BORSSELE ⭐ [120 B4]

Architektonisch interessantes kleines Dorf ca. 16 km südöstlich von Middelburg. Mit seinem geometrischen Straßenplan und alten Bauernhäusern steht es komplett unter Denkmalschutz. Hier wachsen zudem 75 Prozent aller schwarzen Johannisbeeren Hollands.

BROUWERSHAVEN [120 C2]

Das Hafenstädtchen mit 1400 Einwohnern auf Schouwen-Duiveland liegt in ca. 40 km Entfernung und gehört zu den beliebten Wassersportorten Zeelands. Im gesamten Gebiet des abgeschlossenen Grevelingen-Meerarmes kann man Segelboote mieten. Das Sumpfgebiet von Flakee ist Brutgebiet für Wasservögel. Grevelingen ist als Angelrevier bekannt.

MARCO POLO HIGHLIGHTS

⭐ **Sandstrände**
Die schönsten Strände säumen die zeeländischen Inseln (Seite 32)

⭐ **Abtei**
Restauriertes Kloster in Middelburg (Seite 32)

⭐ **Veere**
Ein Musterbeispiel der Brabanter Gotik (Seite 36)

⭐ **Borssele**
In dem Dorf wachsen die meisten Johannisbeeren (Seite 33)

⭐ **Zeeuws Vlaanderen**
Per Rad durch die eindrucksvolle Polderlandschaft Flanderns (Seite 38)

⭐ **Sluis**
Trutzig wie im Mittelalter präsentiert sich die Stadt (Seite 41)

MIDDELBURG

Sehenswert im Ort sind die Hallenkirche und das Renaissancerathaus von 1599. Am Brouwersdam liegt die Ferienanlage 🔊 *Port Greve (ca. 345 Bungalows auf 35 ha | Heernisweg 1 | Tel. 09 00/88 42 | www.landal.de | Wochenpreis für 4 Pers. 180–800 Euro je nach Saison). Auskunft: Besucherzentrum De Grevelingen | De Punt 4 | Tel. 01 87/68 23 46*

DOMBURG [120 B3]

Das älteste Seebad (2000 Ew., 15 km entfernt) des Landes zog um die Jahrhundertwende vom 19. zum 20. Jh. Maler wie Piet Mondrian an; Kaiserin Sissi und wohlhabende Bürger fanden sich zur Kur ein. Heute ist Domburg bodenständiger. Dem Ort halten in erster Linie deutschsprachige Besucher die Treue. Eine **Insider Tipp** Wanderroute führt nach Oostkapelle durch den Wald. Das *Badhotel Domburg,* ein moderner Hotelkomplex, verfügt über 116 helle und geräumige Zimmer und u.a. ein Beauty-Center *(Domburgseweg 1a | Tel. 01 18/58 88 88 | Fax 58 88 99 | www.badhotel.com | €€€).* Mitten im Ort liegt das trendige 🔊 *Aparthotel Bommeljé,* das ganz im Loungestil eingerichtet ist *(45 Studios und 4 Appartments | Herenstraat 24 | Tel. 01 18/58 16 84 | Fax 58 22 18 | www.bommelje.nl | €€€).*

Für Naturfreunde empfiehlt sich der Mini-Campingplatz *Driesprong,* der nur 500 m vom Strand entfernt liegt *(30 Stellplätze | Trommelweg 6a | Tel. 01 18/58 31 32 | www.driesprongdomburg.nl | €).* Die **Insider Tipp** Villa Magnolia ist ein schönes Haus aus dem Jahr 1911, idyllisch und ruhig gelegen mit geschmackvoll eingerichteten Zimmern *(15 Zi. | Oude Domburgseweg 20 | Oostkapelle | Tel. 01 18/58 19 80 | Fax 58 40 58 | www.villamagnolia.nl | €).*

GOES [120 C4]

Beschauliche Kleinstadt (27 000 Ew., 25 km östlich) und Wirtschaftszentrum der ehemaligen Insel Südbeveland. Sehenswert der historische *Marktplatz,* vor allem am Dienstag, wenn Wochenmarkt ist. Interessant auch das gotische *Rathaus,* das *Gotische Haus* in der Turfkade, die turmlose *Kreuzbasilika* im Stil der Brabanter Gotik. Im ehemaligen Waisenhaus (15. Jh.) befindet sich das *Historisch Museum De Bevelanden (April–Okt. Mo–Fr 13–17, Sa 12–16 Uhr, Nov.–März Di, Do 13–17, Sa 12–16 Uhr | Eintritt 5 Euro | Singelstraat 13).* Im *Wapen van Goes* wird ein bezahlbares, französischzeeländisches Auswahlmenü serviert *(Fr–Mi | Westsingel 1 | Tel. 01 13/23 20 30 | €).* Die köstlichen schwarzen Johannisbeerpralinen ersteht man am besten bei *Caringe (Mo–So 9–17 Uhr | Scottweg 11b | Tel. 01 13/23 35 82).*

HAAMSTEDE [120 B–C2]

Zwischen dem etwa 35 km entfernten Ort Haamstede und Renesse auf der Insel Schouwen-Duiveland erstreckt sich ein breiter Dünengürtel *(Het Zeepe* und *Verklikkerduinen)* mit dem bekannten Badestrand *Kop van Schouwen* – breitester Nordseestrand von Zeeland. Burgh-Haamstede (4700 Ew.) und das benachbarte Renesse zählen daher zu den beliebtesten Urlaubszielen in der Meeres-

> **www.marcopolo.de/niederlande-kueste**

ZEELAND

provinz. *Het Zeepe* ist eine 337 ha große Natur- und Wanderzone. *Burgh-Haamstede* aus dem 13. Jh. kann besichtigt werden *(Mitte Juni–Sept., Information und Karten beim VVV, Noordstraat 45a)*. Übernachten kann man auf *De Torenhoeve*, einem ehemaligen Bauernhof, nicht weit vom Meer entfernt und ruhig gelegen *(19 Zi. | Torenweg 38 | Tel. 01 11/ 65 13 00 | Fax 65 13 23 | www.toren hoeve.nl | €€)*.

OOSTKAPELLE [120 B3]

Rund 10 km nördlich, zwischen Oostkapelle und Veersegatdam, der zur künstlichen Insel Neeltje Jans führt, befindet sich ein ausgedehntes Dünengebiet. Diese Gegend ist dank des breiten Sandstrandes ein sehr beliebtes Badeziel. Oostkapelle (2500 Ew.) besitzt außerdem einen schönen Dorfkern. Im Mittelalter war das Städtchen Sommersitz der Äbte.

RENESSE [120 C2]

Mit mehr als 3 Mio. Übernachtungen pro Jahr ist West-Schouwen mit Renesse (1500 Ew., 35 km nördlich) und Burgh-Haamstede nach Amsterdam der meistbesuchte Ort des Landes. Hierher kommen vor allem Familien, junge Leute und eine treue deutsche Stammkundschaft. An lauen Abenden verwandelt sich der Platz rund um die *St. Jacobskerk* zum lauten, geselligen Treffpunkt.

Um die Autos aus dem Dorf zu verbannen, wurde das *Recreatie-Transferium* in Betrieb genommen: ein Parkplatz für 900 Autos. Von dort aus kann man mit einem elektrischen Shuttle, auf Leihrädern oder in kleinen Zügen mit Disneymotiven zum

In Domburg ist der Strand ist nur einen Steinwurf vom Urlaubshäuschen entfernt

MIDDELBURG

Strand und in die Dünen fahren. Parken und Transport sind zum großen Teil kostenlos. Nette Stewards geben bereitwillig Auskünfte. Das *Transferium* ist die erste Maßnahme, um die Ferienlandschaft von Autos freizuhalten, damit die Natur und die Polderlandschaft bewahrt bleiben.

Eine schöne Fahrradroute führt vom östlichen Ortsrand durch die Dünen zum breitesten Strandabschnitt *Het Punt*, wo man bei Ebbe Seehunde sehen kann. Zurück geht es durch das Naturschutzgebiet *De Vroongronden*. Im *Arc Hotel Zeeland* am Dorfrand herrscht eine familiäre Atmosphäre *(48 Zi. | Hoogenboomlaan 5 | Tel. 01 11/46 25 10 | Fax 46 25 69 | www.arc-hotel.nl | €€)*. Das *Hotel Slot Moermond* ist sehr schön in einem Schloss aus dem 12. Jh. untergebracht *(44 Zi. | Slot Moermond | Tel. 01 11/46 17 88 | Fax 46 17 54 | www.slot-moermond.nl | €€)*.

VEERE ★ [120 B3]

Mit seinem zierlichen Rathaus, 1470 im Stil der Brabanter Gotik erbaut, der unvollendeten, mächtigen spätgotischen Liebfrauenkirche aus dem 13. Jh. und einigen Bürgerhäusern gehört dieses 7 km entfernte Städtchen (1600 Ew.) zu den schönsten Orten, in denen der Architekturstil der niederländischen Gotik erhalten geblieben ist. An die Blütezeit von Veere erinnern auch die gepflegten, alten *Bürgerhäuser* und am Kaai Nr. 25–27 die *schotse huizen Het Lammetje* und *De Struys*, früher Lagerhäuser der schottischen Wollhändler. In dem Teil der alten Stadtmauer, der erhalten geblieben ist, steht noch die ehemalige Stadtherberge *Campveerse Toren*. Aus dem früheren Fischereihafen entwickelte sich ein belebter Yachthafen. Im Rathaus befindet sich die *Oude vierschaar*, das frühere Gericht *(Mai–Okt. Mo–Sa 13–17 Uhr | Eintritt 1,50 Euro)*. Im Restaurant *Campveerse Toren* kann man dem Trubel des Touristenstroms von der Terrasse aus zuschauen, im dazugehörigen Hotel auch sehr schön übernachten *(tgl. | Kaai 2 | Tel. 01 18/ 50 12 91, Fax 50 16 95 | www.camp veersetoren.nl | €€€)*.

Inside Tipp

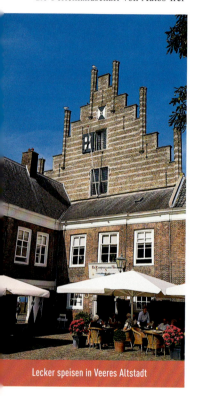

Lecker speisen in Veeres Altstadt

> *www.marcopolo.de/niederlande-kueste*

ZEELAND

Von Veere aus bieten sich ausgedehnte Radtouren über die Halbinsel Walcheren nach Vrouwenpolder und *Serooskerke* an. Die dortige Mühle ist zu besichtigen.

VLISSINGEN [120 B4]

Ein mondäner Badeort der europäischen *beau monde* wie Zandvoort oder Domburg ist Vlissingen nie gewesen. Aber es hat den **schönsten Boulevard** der Niederlande direkt an der See mit vorgelagertem Sandstrand und dem wuchtigen *Gevangentoren*, dem Rest des alten Stadttores von 1563.

Insider Tipp

Die seit dem Mittelalter befestigte Stadt (45 000 Ew.) an der 4 km breiten Scheldemündung ist mit ihren Häfen und einer Fischerei- und Seefahrtsschule die maritimste Stadt Zeelands. Auf der Reede liegen stets zahlreiche Schiffe. Das maritime Erlebniszentrum erstreckt sich rund um *Het Arsenaal* mit Unterwasserwelt, Cafés, Restaurants und einem Aussichtsturm *(tgl. 10–19, Juli/Aug. 10–20 Uhr | Eintritt 12 Euro | Arsenaalplein 1 | www.arsenaal.com)*.

Am Nieuwendijk ist das 2002 neu eröffnete *muZEEum* zu finden: Schiffsmodelle, Karten und Meeresexponate *(Mo–Fr 10–17, Sa/So 13–17 Uhr | Eintritt 7 Euro, MK | Nieuwendijk 1)*. In einem Hochhaus am Strand liegen die luxuriösen 3-Zimmer-Apartments *De Gulden Stroom* mit großartiger Aussicht auf die Westerschelde. *Boulevard Bankert 634 | Tel. 01 18/44 09 71, Fax 44 09 74 | www.deguldenstrom.nl | €€€)*. Vom Fährhafen Vlissingen fährt regelmäßig eine Fußgänger- und Fahrradfähre nach Breskens in Zeeuws Vlaanderen. *8 km südlich*

WATERLAND NEELTJE JANS [120 B3]

Auf der 20 km entfernten künstlichen Insel Neeltje Jans befindet sich die *Waterland Expo*, eine Ausstellung zum Deltaprojekt. Das Sturmflutwehr wurde errichtet, um das Hinterland bei Hochwasser vor Überschwemmungen zu schützen. Bei einer Bootsfahrt gewinnt man Einblick in die Funktionsweise einer Schleuse. Angegliedert ist ein Vergnügungspark, zu dem eine Seehundstation, eine Wasserrutsche, ein riesiger Wasserspielplatz, eine Ausstellung mit Walfischskeletten, ein 3-D-Kino und eine Orkanmaschine gehören. *Im*

> MUSIZIERENDER SAND
Das bekannte Phänomen gibt es auch in Zeeland

Strandsand, der aus Körnern im Durchmesser von einem 100stel- bis 1000stel-Millimeter besteht, scheint unter dem Einfluss von Wind Musik zu machen. Sogenannter „singender Sand" besteht vor allem aus Quarz, „plumpsender Sand" aus kalkhaltigen Verbindungen. Letzterer kommt an extrem trockenen Orten überall auf der Welt vor. Während der singende Sand eine Seltenheit ist, stößt man auf plumpsenden Sand häufiger. Mit Glück kann man den musizierenden in den heißen Sommermonaten an einigen Strandabschnitten auf Schiermonnikoog, Ameland und in Zeeland hören.

36 | 37

ZEEUWS VLAANDEREN

Sommer tgl. 10–17.30 Uhr, Winter Mo/Di geschl. | Eintritt im Winter 13,50 Euro, im Sommer 18 Euro, online bestellte Tickets sind 10 Prozent günstiger | www.neeltjejans.nl

YERSEKE [121 D4]

Das Dorf der Muschelbauern und Austernbarone (6500 Ew., 37 km östlich) ist bekannt für seine Fischrestaurants: z. B. ▶▶*Nolet (Mo geschl. | Lepelstraat 7 | Tel. 01 13/57 13 09 |*

▶LOW BUDGET

▶ Bei Domburg liegt Schloss Westhove, die wohl schönste Jugendherberge der Niederlande *(Feb.–Okt. | Duinvlietweg 8 | Tel. 01 18/58 12 54 | Fax 58 33 42 | ab 22 Euro pro Person).*

▶ Günstig und in familiärem Umfeld übernachten kann man auch auf kleinen Bauernhof-Campingplätzen, von denen es in Zeeland einige gibt, z.B. De *Oliepot in Aardenburg, Tel. 01 17/49 15 18* oder *De Walnoot in Aagtekerke, Tel. 01 18/58 34 14.*

▶ Direkt vom Kutter und viel günstiger als im Restaurant bekommt man holländische Krabben beim *Vishandel De Molen in Stellendam (Molenkade 20).*

▶ Das öffentliche Nahverkehrsnetz in Zeeland ist nicht sonderlich feinmaschig. Wer ohne Auto kommt, mietet am besten ein Fahrrad als Fortbewegungsmittel. Mit Mietpreisen ab 25 Euro pro Woche sind Drahtesel konkurrenzlos günstig, und für 6 Euro pro Tag darf man sie sogar mit in die Züge der Niederländischen Bahn nehmen. Vermieter gibt es in allen größeren Orten.

€€€) und das ▶▶*Nolet's Vistro:* Zum Repertoire zählen auch hier Fisch- und Muschelgerichte, Spezialität ist Hummersuppe *(tägl. | Burgemeester Sinkelaan 6 | Tel. 01 13/57 21 01 | €€–€€€).*

ZIERIKZEE [120 C3] Inside Tipp

Wie wohlhabend Zierikzee (10 000 Ew., etwa 43 km nordöstlich) einmal war, vermitteln die denkmalgeschützte Altstadt, das Rathaus mit dem hölzernen, verschnörkelten Glockenturm und der unvollendete, 60 m hohe *Sint Lievens Monstertoren.* Eigentlich sollte der Turm 206 m hoch werden. Aber während des Baus ging das Geld aus. Die wichtigsten Sehenswürdigkeiten in der kleinen, verträumten Stadt: *Noord-* und *Zuiderpoort,* Stadttore aus dem 14. und 15. Jh., das gotische *Burgerweeshuis,* der *Vismarkt.* Im Gravensteen, dem ehemaligen Stadtgefängnis aus dem 16. Jh., ist nun das *Schifffahrtsmuseum* untergebracht. *(April–Okt. Mo–Sa 10–17, So 12–17 Uhr | Eintritt 2 Euro, MK | Mol 25).*

Das *Schuddebeurs* ist ein romantisch gelegenes Hotel mit gemütlichem Restaurant, in dem französische Küche serviert wird *(22 Zi. | Donkereweg 35 | Tel. 01 11/41 56 51 | Fax 41 31 03 | www.schuddebeurs. nl | €€€).*

ZEEUWS VLAANDEREN

[120–121 A–D 4–5] ★ Am anderen Ufer der Schelde und angrenzend an Flandern liegt die fruchtbare Polderlandschaft Zeeuws Vlaanderen. Den flämischen

ZEELAND

Teil der Niederlande erreicht man von Zuid-Beveland aus per Auto nur noch durch den neuen Westerschelde-Tunnel (4,60 Euro).

Hier, im südlichsten Teil der Region ist es wesentlich ruhiger, aber MARCO POLO „Flandern") ist mit den Orten Sluis, Hulst und Aardenburg vor allem kulturhistorisch interessant. Auch Terneuzen, der drittgrößte Hafen der Niederlande, lohnt einen Besuch.

Zierikzee war früher eine wohlhabende Hafenstadt

teilweise auch lebensfroher als im restlichen Zeeland. Der Landstrich mit seinem 11 km langen Nordseestrand ist ein einziges Idyll mit mehreren Naturschutzgebieten – De Zwarte Polder, Het Verdronken Land van Saeftinghe, Het Zwin –, die jeden Naturfreund ins Schwärmen bringen. Durch die Landschaft führen Radwanderwege, Fahrräder kann man in allen Orten mieten. Auf dem Rad fährt man an Windmühlen vorüber, folgt verträumten Kanälen oder lässt sich an der Küste den Wind um die Nase wehen.

Das Hinterland von Brügge, Gent und der belgischen Küste (siehe auch

Info: *VVV | Bld. de Wielingen 44d | Cadzand-Bad | Tel. 01 17/ 39 12 98 | Fax 39 25 60 sowie VVV | Markt 11–13 | Terneuzen | Tel. 01 15/61 79 60 | Fax 64 87 70*

ZIELE IN ZEEUWS VLAANDEREN

AARDENBURG [120 A5]
Wer mit der Kutsche durch die älteste Stadt Zeelands (2500 Ew.) rollt, kann sich vorstellen, warum die meisten Reisenden von Zeeuws Vlaanderen begeistert sind. In dem Ort, den schon die Römer kannten und der im Mittelalter von Scharen von Pilgern aufgesucht wurde,

38 | 39

ZEEUWS VLAANDEREN

Malerisches Städtchen Sluis

scheint die Zeit im 17. Jh. stehen geblieben zu sein. Reste der alten Stadtmauer sind noch erhalten *(Führungen nur Mai–Sept.).* Lokale Spezialitäten im Laden und Restaurant *In den Wijngaard (Mi–So 11–21.30 Uhr | Smedekensbrugge 34 | Tel. 01 17/49 12 36 | €€).*

BRESKENS [120 B4]

Der überschaubare Ort (4500 Ew.) wäre nicht weiter nennenswert, könnte man nicht von seinen Dünen auf ☼ Panoramawegen die Schiffe bestaunen, die von und nach Antwerpen fahren. Der Yachthafen bietet 600 Booten Platz. Personenfähre nach Vlissingen.

CADZAND [120 A4]

Der familiäre Ferienort (1200 Ew.) besteht aus Cadzand-Bad und Cadzand-Dorp, in dem einige alte Gebäude und die frühgotische Kirche auf eine lange Geschichte verweisen. Im 13. Jh. war Cadzand noch eine Insel.

Das Beste an Cadzand ist der Strand bei Cadzand-Bad, an dem man mit etwas Glück prähistorische, schwarze Haifischzähne finden kann. [Insider Tipp] Guter Ausgangspunkt für Radtouren. *De Blanke Top* ist ein Vorzeigehotel in den Dünen mit gutem Restaurant *(51 Zi. | Bld. de Wielingen 1 | Tel. 01 17/39 20 40 | Fax 39 14 27 | www.blanketop.nl | €€€).*

Das *Strandhotel* liegt auf einem Dünenkamm. Es ist modern und zweckmäßig eingerichtet, Zimmer teilweise mit Blick zur See. Es besitzt außerdem einen Wellnessbereich und ein Restaurant *(37 Zi. | Bld. de Wielingen 49 | Tel. 01 17/39 21 10 | Fax 39 15 35 | www.strandhotel.nu | €€).* Im Hotel Noordzee finden Sie das von Dünen umgebene, angenehme Restaurant *De Duin* mit Terrasse *(tägl. | Noordzeestraat 2 | Tel. 01 17/39 18 10 | Fax 39 14 16 | €€€).*

HULST [121 D5]

Die Festungs- und Handelsstadt (10000 Ew.) südlich der Westerschelde wird von einem 3,5 km langen Stadtwall mit vier Stadttoren umschlossen. Die wuchtige Willibrordus-Basilika im Stil der Brabanter Gotik beherrscht das Stadtbild. Das Mühlenbollwerk *De Stadsmolen* kann von April–Sept. sonntagnachmittags besucht werden. *Auskunft: Gemeinde Hulst | Tel. 01 14/38 92 20.*

> www.marcopolo.de/niederlande-kueste

ZEELAND

Das nordöstlich gelegene, 35 m² große *Verdronken Land van Saeftinghe* ist als Brackwasser-Naturschutzgebiet einmalig in Europa, aber nur vom Deich aus oder mit einer Führung zu besichtigen *(Besucherzentrum: Emmaweg 4 | Tel. 01 14/63 31 10)*. Übernachten kann man im familiären *Hotel Hulst (11 Zi. | Van der Maelstedeweg 2 | Hulst | Tel. 01 14/31 05 31, Fax 31 40 09 | www.hotelhulst.nl | €)*.

SLUIS ★ [120 A5]
Diese geschichtsträchtige Festungsstadt (2400 Ew.) war einst der Vorhafen von Brügge. Sluis, während des Zweiten Weltkrieges zu 80 Prozent zerstört und nun vollkommen restauriert, besitzt als einzige niederländische Stadt einen schönen *Stadtturm* mit vier Ecktürmchen. Das angrenzende *Rathaus* kann während der Sommersaison täglich zwischen 10 und 12 bzw. 13 und 17 Uhr besichtigt werden. In den Restaurants der Stadt isst man hervorragend flämisch. Das beste Haus am Platz: ▶▶ *Oud Sluis* mit drei Michelin-Sternen. Hier trifft sich die niederländische Feinschmeckerszene *(Mi–So | Beestenmarkt 2 | Tel. 01 17/46 12 69 | €€€)*. Empfehlenswert auch die *Gasterij Balmoral* mit ihren Fischspezialitäten *(Sa–Do | Kaai 16 | Tel. 01 17/46 14 98 | €€)* sowie *De Schaapskooi (Mi–So | Zuiderbruggeweg 23 | Tel. 01 17/49 16 00 | €€)*.

Direkt an der belgischen Grenze liegt *St. Anna ter Muiden* [120 A5], ein kleines Bauerndorf mit einem mächtigen backsteinernen Kirchturm aus dem Mittelalter. Auf dem Landweg gelangt man in das einsam gelegene und großartige Naturschutzgebiet *Het Zwin* an der flämischen Nordseeküste.

TERNEUZEN [120 C5]
In der Hafenstadt (28 000 Ew.) dreht sich alles um die Schifffahrt. Kein Wunder, schließlich liegt der Ort nicht nur an der Westerschelde, sondern auch am Eingang des Kanals, der nach Gent führt. Vom großen Schleusenkomplex, dem *Portaal van Vlaanderen*, kann man den Schleppern zuschauen, wie sie die schweren Kähne durch die Schleusen lotsen. Aber auch vom ❀ Scheldeboulevard hat man eine hübsche Aussicht auf das Geschehen im Hafen. Gut übernachten kann man im ❀ *Hotel Churchill (55 Zi. | Churchilllaan 700 | Tel. 01 15/62 11 20 | Fax 69 73 93 | www.hampshirehotels.nl | €€)*.

▶ GAAIBOLLEN
Das zeeländische Boulespiel ist hier sehr beliebt

Das Spiel, das dem französischen *Jeu de Boule* ähnlich ist, wird auch heute noch vor vielen Cafés in Zeeland gespielt. Einer der wenigen Sportvereine, die noch darauf spezialisiert sind, ist *De Dwarsliggers* aus Kloosterzande bei Hulst. Die Spielregeln sind einfach: Jeder Teilnehmer darf drei Holzkugeln in die Richtung eines vogelähnlichen Gegenstands werfen, der auf einem Stock befestigt ist. Wer den „Vogel abschießt", hat gewonnen.

40 | 41

> KONTRASTE AUF KLEINEM RAUM

Endlose Sandstrände und großstädtische Kultur konkurrieren um die Gunst der Besucher

> Im Westen der Niederlande erstreckt sich die Nordseeküste mit ihrem breiten Dünengürtel. Da gibt es Seebäder wie Scheveningen, Katwijk und Noordwijk, kulturhistorisch interessante Städte wie Delft, Dordrecht und Leiden und das Regierungszentrum Den Haag.

Kein Gebiet in Europa ist so dicht besiedelt wie die sogenannte Randstad, das Ballungszentrum zwischen Amsterdam, Rotterdam und Den Haag.

Bild: Strandbad von Scheveningen

DEN HAAG – SCHEVENINGEN

 KARTE IN DER HINTEREN UMSCHLAGKLAPPE

[118 B4] Den Haag – Sitz der niederländischen Regierung und Residenzstadt der Königin. Der amtliche Name lautet 's-Gravenhage und leitet sich von der Domäne der Grafen von Holland ab. Der Wohnort von Königin Beatrix ver-

RANDSTAD

mittelt den Charme einer provinziell-behäbigen Verwaltungsstadt (440 000 Ew.). Hier ist es ein wenig vornehmer und ruhiger als in der Konkurrenzstadt Amsterdam.

Zu Den Haag gehört auch Scheveningen. Es hat sich von einem winzigen Fischerdorf zu einem turbulenten und beliebten Seebad entwickelt. Auf dem 🔊 Boulevard und am Strand findet man zahlreiche Terrassencafés und Strandrestaurants.

■ SEHENSWERTES

GEMEENTEMUSEUM [O]

Neben chinesischem Porzellan und venezianischer Glaskunst ist hier eine umfangreiche Mondrian-Sammlung zu sehen. *Di–So 11–17 Uhr | Eintritt 9 Euro, MK | Stadhouderslaan 41 | Den Haag | www.gemeentemuseum.nl*

Insider Tipp

MAURITSHUIS [U D4]

In dem Gebäude aus dem 17. Jh. ist die königliche Gemäldegalerie mit

42 | 43

DEN HAAG – SCHEVENINGEN

berühmten Bildern von Vermeer, Rembrandt, Jan Steen, Frans Hals und anderen Malern des Goldenen Zeitalters untergebracht. *Di–Sa 10–17, So 11–17 Uhr | Eintritt 9,50 Euro,* dorf Scheveningen mit Blick auf Meer und Dünen im Jahr 1880 darstellt. *Mo–Sa 10–17, So 12–17 Uhr | Eintritt 6 Euro | Zeestraat 65 | Den Haag | www.mesdag.nl*

Die Gravenstraat in Den Haag: Gemütliche Cafés laden zur Pause ein

MK | Korte Vijverberg 8 | Den Haag | www.mauritshuis.nl

PALEIS NOORDEINDE [U C4]
Im Paleis residiert seit 1980 Königin Beatrix. Das neoklassizistische Schloss wurde 1553 erbaut. Hinter dem Gebäude befindet sich ein weitläufiger Park, der – im Gegensatz zu den Dienstträumen der Königin – zugänglich ist. *Noordeinde*

PANORAMA MESDAG [U C3]
Rundes Gemälde auf einer Fläche von fast 1700 m², das das Fischer-

SPUIKWARTIER [U E5]
Neben dem Hauptbahnhof ist in den letzten Jahren ein postmodernes Hochhaus nach dem anderen aus dem Boden geschossen. Ein Muss für Architekturliebhaber.

VREDESPALEIS [U A2]
Der Friedenspalast ist Sitz des Internationalen Gerichtshofes und der Akademie des Völkerrechts. Im Rahmen von Führungen zu besichtigen. *Mo–Fr 10–16 Uhr, nur nach Voranmeldung | Carnegieplein 2 | www.vredespaleis.nl*

> www.marcopolo.de/niederlande-kueste

RANDSTAD

ESSEN & TRINKEN

DJAWA [U D2]

Hier wird köstlich indonesisch gekocht mit einem Akzent auf die pikante Küche von Sumatra. Die Reistafel gibt es auch für Vegetarier. *Mo–Sa | Mallemolen 12a | Tel. 070/363 57 63 | €€*

HERINGSKARREN [U D5]

Insider Tipp

Am Tor zum Buitenhof steht der Karren, an dem auch manch hoher Regierungsbeamte köstlichen Hering schmaust. *Tgl. | €*

SPIJS [0]

Restaurant mit gehobener, französisch angehauchter Küche in einem Jugendstilhaus in Scheveningen. Schickes, junges Publikum. *Mo–Fr | Gevers Deynootweg 4 | Scheveningen | Tel. 070/358 69 75 | €€*

VISHANDEL SIMONIS [0]

Ein Begriff in Scheveningen. Man kann im Stehen einen Hering oder eine Krebssuppe essen oder bestellt das Schollenfilet Picasso. *Tgl. | Visafslagweg 20 | Scheveningen | Tel. 070/350 00 42 | €*

EINKAUFEN

Herz des autofreien Einkaufsviertels in Den Haag ist die *Haagse Passage* [U D5] zwischen Spuistraat und Buitenhof. Der Glaskuppelbau im venezianischen Stil birgt Boutiquen und Shops. Gegenüber liegt das bekannte Kaufhaus *Maison de Bonneterie,* in dem auch die Königin (nach Ladenschluss) einkauft. Die Gravenstraat führt zum *Groenmarkt,* dem Gemüsemarkt [U C5]. Die *Paleispromenade,* auch Hoogstraat [U C4–5], führt als elegante Einkaufsstraße (von Antiquitäten bis Kindermode) nach Noordeinde.

ÜBERNACHTEN

CORONA [U D4]

Gegenüber dem Binnenhof, gutes Restaurants und Caféterrasse, komfortable Zimmer. *36 Zi. | Buitenhof 39–42 | Den Haag | Tel. 070/363 79 30 | Fax 361 57 85 | www.corona.nl | €€€*

DUINOORD [0]

Royal angehauchte Zimmer, gutes Restaurant. *20 Zi. | Wassenaarseslag 26 | Den Haag | Tel. 03 47/75 04 09 | www.hotelduinoord. nl | €€–€€€*

MARCO POLO HIGHLIGHTS

⭐ **Delft**
Hübsches Ensemble von holländischen Patrizierhäusern (Seite 46)

⭐ **Schiedam**
Fünf Mühlen prägen das Ortsbild (Seite 53)

⭐ **Maritiem Museum**
Rammschiff Buffel ist nur eine der Attraktionen des Museums (Seite 51)

⭐ **Keukenhof**
Im Frühling wird der ehemalige Küchengarten zum Blumenparadies (Seite 48)

⭐ **Space Expo**
Große Ausstellung zur europäischen Raumfahrt bei Noordwijk (Seite 49)

⭐ **Hafenrundfahrt**
Das „Tor zum Kontinent" in Rotterdam (Seite 51)

DEN HAAG – SCHEVENINGEN

In der *Oude Kerk* liegt Vermeer begraben

STRANDHOTEL [0]

Ein einfaches Badehotel in Strandnähe. *20 Zi. | Zeekant 111 | Scheveningen | Tel. 070/354 01 93 | Fax 354 35 58 | www.strandhotel.demon. nl | €*

■ AM ABEND

Die „Den Haag Agenda" gibt eine gute Übersicht über die Veranstaltungen.

CASINO [0]

Hier können Sie Ihre Urlaubskasse aufbessern – oder verlieren. Korrekte Kleidung erforderlich. *Tgl. bis 3 Uhr | Eintritt 3,50 Euro | Gevers Deynootplein 30 | Scheveningen*

PAARD VAN TROJE [U C6]

Musikclub mit Popkonzerten und DJs. *Di/Mi, So 16–1, Do–Sa 16–4 Uhr | Eintritt je nach Veranstaltung | Prinsegracht 12 | Den Haag | www.paard.nl*

■ AUSKUNFT

VVV DEN HAAG [U D4]

Hofweg 1 (neben Grand Café Dudok) | Tel. 09 00/340 35 05 | www.denhaag.com

■ ZIELE IN DER UMGEBUNG

DELFT ★ [118 B4]

Eine der schönsten Kleinstädte des Landes (95 000 Ew.), nur 8 km entfernt. Zentrum ist der *Grote Markt* mit *Nieuwe Kerk* und *Stadhuis*. In der Neuen Kirche, im 14. und 15. Jh. erbaut, befindet sich das *Prunkgrab von Willem van Oranje,* ein monumentales Renaissancedenkmal, das für 2 Mio. Euro restauriert wurde. In der nicht zugänglichen Gruft sind die meisten Fürsten und Fürstinnen des Hauses Nassau-Oranje beigesetzt. Auffallend ist der 108 m hohe Turm im Stil der Brabanter Gotik. Das im Renaissancestil errichtete *Rathaus* – dort wird standesgemäß getraut – schließt den weiten Platz ab. Rund um den Markt stehen historische Patrizierhäuser mit altholländischen Giebeln. Von April bis Sept. findet hier samstags einer der schönsten Flohmärkte des Landes statt. *Inside Tipp*

Bekannt wurde Delft durch seine Fayencen. In der *Porceleyne Fles* wird die Herstellung dieser Art Keramik demonstriert. Delfts berühmtester Maler ist Jan Vermeer (1632–75). Seine „Ansicht von Delft" (zu sehen

> www.marcopolo.de/niederlande-kueste

RANDSTAD

im *Mauritshuis,* Den Haag) zeigt den Blick auf seine Vaterstadt, sein bescheidenes Grab liegt in der *Oude Kerk.* Die Alte Kirche wurde zwischen dem 13. und 15. Jh. erbaut. Schon von weitem fällt der 75 m hohe, schiefe Turm auf.

Insider Tipp
Beliebt als Lunchadresse ist das *Stads-Koffyhuis* (Mo–Sa | Oude Delft 133 | €). Stilvoll schläft man in dem zentral gelegenen *Museumhotel* (66 Zi. | *Phoenixstraat 50 A* | *Tel. 015/215 30 70* | *Fax 215 30 79* | *www.museumhotel.nl* | €€ – €€€). Auskunft: *TIP* | *Hyppolitusbuurt 4* | *Tel. 015/215 40 51*

KIJKDUIN [118 A4]

Direkt an der Küste, 5 km im Westen von Den Haag. Unterhalb des Kijkduiner Boulevards erstrecken sich ein breiter Sandstrand. Wanderwege führen durch die Dünen. Im Ferienpark *Kijkduinpark* kann man Holzhütten und Ferienhäuser mieten oder sein Zelt 500 m vom Strand entfernt aufstellen *(Tel. 09 00/147 20 09).*

LEIDEN

[118 B4] Die Universitätsstadt mit der großen Gracht Rapenburg, von der viele sagen, sie sei die schönste des Landes,

> BLOGS & PODCASTS
Gute Tagebücher und Files im Internet

> **Curious Orange** – Englischsprachiger Podcast über Kultur und Kurioses in den Niederlanden. *www.radio netherlands.nl/radioprogrammes/ curiousorange/*

> **Wordpress** – Eine aktuelle Übersicht von deutschsprachigen Blog-Einträgen, die sich mit den Niederlanden auseinandersetzen. *de.wordpress. com/tag/niederlande/*

> **Katrin in Rotterdam** – Online-Tagebuch eines Au-pairs aus Chemnitz in Den Haag. *katrinhohensinner.blog spot.com*

> **Hochparterre Amsterdamblog** – Blog der MARCO POLO-Korrespondentin Anneke Bokern über Design und Architektur – in Amsterdam, aber auch im Rest der Niederlande. *www.amsterdamblog.hoch parterre.ch*

> **Study Abroad in Holland** – Videoblog einer Amerikanerin, die in Den Haag studiert und in kurzen Filmen aus ihrem Leben in den Niederlanden erzählt. *www.youtube.com/user/ whynotoptimism*

> **A Touch of Dutch** – Eine Amerikanerin in Holland berichtet über niederländische Alltagskultur – und die reicht vom Heringsbrötchen bis zu Prinzessin Máxima. *atouchofdutch.blogspot.com*

> **A-Haus in Zeeland** – Vor allem schöne Fotos aus Zeeland gibt es im Weblog von Christoph Broich zu sehen, der ein Ferienhaus in Scharendijke besitzt. *zeeland.blog.de*

> **Rotterdam Daily Photo** – In ihrem englischsprachigen Weblog zeigt Ineke täglich Fotos aus Rotterdam. *rotterdamdailyphoto.blogspot.com*

Für den Inhalt der Blogs & Podcasts übernimmt die MARCO POLO Redaktion keine Verantwortung.

LEIDEN

vereinigt alles, was man von einer althol-ländischen Stadt erwartet: eine lebens-frohe Atmosphäre und ein historisches Zentrum mit romantischen Grachten und alten Giebelhäusern. Durch die Innen-stadt fließt der Oude Rijn, der der Stadt ihren unverwechselbaren Charakter verleiht. Leiden (115 000 Ew.) erhielt 1266 die Stadtrechte, zu Wohlstand kam es durch die Tuch-weberei.

■ SEHENSWERTES

DE LAKENHAL
Gemälde des 17. Jhs. im Städtischen Museum. *Di–Fr 10–17 Uhr, Sa/So 12–17 Uhr | Eintritt 4 Euro | Oude Singel 28–32*

RIJKSMUSEUM VAN OUDHEDEN
Funde aus der Zeit der niederländi-schen Vorgeschichte, der Etrusker bis hin zu den Römern. *Di–Fr 10–17, Sa/So 12–17 Uhr | Eintritt 8,50 Euro, MK | Rapenburg 28*

■ ESSEN & TRINKEN

Große Auswahl an *eetcafés* und Kneipen in der Innenstadt, etwa *De Waterlijn (Prinsessekade 5)* oder *De Poort van Leyden,* eine Brasserie mit Terrasse im Stadttor *(beide tgl. | Haven 100 | €–€€).*

SURAKARTA
Gutes indonesisches Restaurant. *Tgl. | Noordeinde 5 | Tel. 071/512 35 24 | €€*

■ ÜBERNACHTEN

DOELEN
Nettes, kleines Stadthotel. *16 Zi. | Rapenburg 2 | Tel. 071/512 05 27 | Fax 512 84 53 | www.dedoelen.com | €*

NIEUW MINERVA
Stilvolles Grachtenhaus im Zentrum. Mit beliebtem Café und Restaurant. *39 Zi. | Boommarkt 23 | Tel. 071/ 512 63 58 | Fax 514 26 74 | www. nieuwminerva.nl | €€*

■ AUSKUNFT

LEIDEN PROMOTIE VVV
Stationsweg 2d | Tel. 09 00/222 23 33 | Fax 071/516 12 27

■ ZIELE IN DER UMGEBUNG

KATWIJK AAN ZEE   [118 B3]
Kleiner, adretter und gemütlicher Badeort mit stark christlicher Prä-gung, in dem keine FKK geduldet wird. Katwijk aan Zee ist mit dem Ort Katwijk aan de Rijn (40 000 Ew., ca. 10 km westlich von Leiden) zusammengewachsen. Nördlich von Katwijk verhindern heute Schleusen, dass das Meerwasser in den Alten Rheinarm fließt. Hier besonders schön: Dünenwanderungen.

KEUKENHOF ⭐   [118 C3]
Im Schutz der Dünen steht im Früh-jahr der *Bollenstreek* (die „Blumen-zwiebelgegend") in voller Blüte und mittendrin liegt der Keukenhof (Kö-kenhof ausgesprochen). Der größte Freilandgarten der Welt, 1949 eröff-net und 28 ha groß, lockt zwischen März und Mai bis zu 1 Mio. Besu-cher an. Jacoba von Bayern, Gräfin von Holland, benutzte den Keuken-hof schon im 14. Jh. zum Anbau von Gemüse und Kräutern. Heute blühen hier schätzungsweise 6 Mio. Zwie-belgewächse. *Keukenhof (Lisse): letztes Wochenende im März bis zum letzten Mi im Mai tgl. 8–19.30 Uhr | Eintritt 13,50 Euro | Tel. 02 52/*

> *www.marcopolo.de/niederlande-kueste*

RANDSTAD

46 55 55 | www.keukenhof.nl | ca. 20 km von Leiden

NOORDWIJK AAN ZEE [118 B3]

Ein viel und gern besuchtes Seebad (26000 Ew), 15 km nordwestlich von Leiden. Vor dem Boulevard erstreckt sich der weite, breite, gepflegte Strand, der während der Badesaison seit 1986 die Anlage des Europäischen Raumforschungszentrums ES-TEC, die ★ *Space Expo,* die größte ständige Ausstellung für Raumfahrt in Europa. Jährlich wird die Space Expo von mehr als 80 000 Weltrauminteressierten besucht. Zu besichtigen sind z. B. die ESA-Satelliten Ulysses und Giotto, Kinder können

Farbenpracht zur Blüte im Juni – der Keukenhof ist der größte Freilandgarten der Welt

regelmäßig gereinigt wird. Das Bad mit traditionell deutschen Besuchern besitzt einen hübschen Dorfkern, *Noordwijk-Binnen,* mit altem Baumbestand. Die Bebauung mit Ferienhäusern und Villen ist kunterbunt über die alten Dünen gestreut. Vor allem im Frühjahr, wenn rings um Noordwijk die Blumenfelder blühen, ist der Andrang groß. Nahe der Straße nach Katwijk befindet sich ein Astronautendiplom erwerben *(Di–So 10–17 Uhr | Eintritt 9 Euro | Tel. 09 00/87 65 43 21).* Ein ruhiges, inmitten der Natur gelegenes Landhotel ist *De Duinen* mit Restaurant *(41 Zi. | Duinweg 117–119 | Tel. 02 52/24 29 00 | Fax 37 75 78 | www.villadeduinen.nl | €€ – €€€).* Im Restaurant *Thai Tjon* gibt es typische thailändische Küche, charmanter Service *(tgl. ab 17 Uhr | Albert Ver-*

48 | 49

ROTTERDAM

weijstraat 50 | Tel. 071/364 88 88 | €€). Herrliche Heringe essen Sie am besten bei *Van Duijn (Hoofdstraat–Kerkplein).*

Wohnkultur im *Boijmans*

ROTTERDAM

[118 B–C5] Rotterdam strahlt mehr städtische Atmosphäre aus als irgendein anderer Ort der Niederlande. Es gilt als Prototyp einer modernen europäischen Stadt. Rotterdam hat praktisch zwei Zentren: Delfshaven, das historische Zentrum der Stadt, und den Oude Haven/Leuvehaven an der Maas, ein beliebtes Ausgehviertel.

Zum ersten Mal wurde Rotterdam 1283 schriftlich erwähnt. 1340 erhielt es die Stadtrechte. Mit der Industrialisierung des Ruhrgebietes erlebte die Hafenstadt, die heute 600 000 Ew. zählt, ein stürmisches Wachstum. 1940 wurde sie von deutschen Flugzeugen bombardiert: 25 000 Wohnungen und Häuser wurden zerstört, etwa 900 Menschen kamen ums Leben. In der Nachkriegszeit wurde Rotterdam teilweise neu aufgebaut, die Architektur ist daher moderner als in anderen Städten der Niederlande.

Viele Ausländer, aber auch junge Künstler leben in der betriebsamen Hafenstadt, die noch Freiraum für Kreative bietet. In den letzten Jahren hat Rotterdam sich außerdem zur Architekturhauptstadt der Niederlande gemausert. Vor allem im ▶▶ *Museumpark* und auf der Hafenhalbinsel *Kop van Zuid* sind aufsehenerregende Neubauten entstanden. Außergewöhnlich sind auch die 38 *Baumhäuser* am Oude Haven, ihrer architektonischen Form wegen so genannt, die *Erasmusbrücke* von Ben van Berkel und die *Kunsthal* im Museumpark.

■ SEHENSWERTES

BOIJMANS VAN BEUNINGEN
Sammlung altniederländischer und italienischer, aber auch moderner Maler sowie Ausstellungen mit kunstgewerblichen Gegenständen und Möbeln. *Di–So 11–17 Uhr | Eintritt 9 Euro, MK | Museumpark 18–12 | www.boijmans.nl*

> **www.marcopolo.de/niederlande-kueste**

RANDSTAD

HAFEN
Über 42 km erstreckt sich der Hafen bis zur Nordsee. Beeindruckend ist eine ★ Hafenrundfahrt. Aber auch eine Fahrt mit dem *Watertaxi* lohnt sich: z. B. die vom Leuvehaven zum Hotel New York. *Rundfahrten (ca. 75 Min.) im Sommer jede Stunde | Preis 9,25 Euro | Große Hafenrundfahrt (6,5 Std.) im Juli und Aug | Di 10.30 Uhr | Preis 42,50 Euro | Spido | Leuvehoofd 5 | Tel. 010/ 275 99 88; Watertaxi Rotterdam | Tel. 010/403 03 03 | www.watertaxirotterdam.nl*

MARITIEM MUSEUM ★
In Rotterdams Zentrum liegt das Museum zur Geschichte der Seefahrt und des Hafens. Sehenswert ist das Museumsschiff Buffel, ein restauriertes Rammschiff der niederländischen Marine. *Di–Sa 10–17, So 11–17 Uhr | Eintritt 5 Euro, MK | Leuvehaven 1 | www.maritiemmuseum.nl*

SCHIELANDHUIS
Stadtgeschichtliches Museum in einem Haus von 1655. *Di–Fr 10–17, Sa/So 11–17 Uhr | Eintritt 3 Euro, MK | Korte Hoogstraat 31*

STADHUIS
Im Stil der Neorenaissance wurde Rotterdams Rathaus, das größte in den Niederlanden, zwischen 1914 und 1920 erbaut. Es ist eines von drei Gebäuden, die 1940 nach dem Bombardement der Innenstadt noch standen.

> BÜCHER & FILME
Unterhaltsame Einblicke in Alltag und Geschichte

> **Frau Antje und Herr Mustermann** – Ein ebenso amüsantes wie lehrreiches Buch von Dik Linthout über Vorurteile, Klischees und Mentalitätsunterschiede zwischen Niederländern und Deutschen, in dem man auch viel über die holländische Geschichte und Sprache erfährt.

> **Die Zwillinge** – Tessa de Loos faszinierende Geschichte der Zwillingsschwestern Lotte und Anna, die in der Nachkriegszeit getrennt voneinander aufwachsen – die eine in Deutschland und die andere in den Niederlanden.

> **Inselgäste** – In diesem Episodenroman von Vonne van der Meer kommentiert die Putzfrau eines Ferienhauses auf der Watteninsel Vlieland das Kommen und Gehen der Gäste. Jeder von ihnen bringt seine eigenen Probleme und Geschichten mit.

> **Antonias Welt** – Skurrile Familiensaga um fünf Frauengenerationen in einem südniederländischen Dorf. Im Zentrum steht die selbstbewusste Bäuerin Antonia, die sich in der Männerwelt behauptet. Der Film von Regisseurin Marleen Gorris erhielt 1996 einen Oscar.

> **Schwarzbuch** – Regisseur Paul Verhoeven erzählt in seinem Film von 2006 die Geschichte der niederländischen Jüdin Rachel Stein, die vor den Nazis aufs Land flieht, Widerstandskämpferin wird und sich dann ausgerechnet in einen SS-Mann verliebt.

ROTTERDAM

WITTE HUIS

Über den Blaak gelangt man zum *Wijnhaven*. Dort steht das 45 m hohe *Witte Huis*, das zur Wende vom 19. ins 20. Jh. der erste europäische Wolkenkratzer war.

ESSEN & TRINKEN

BLUE MEKONG

Bescheidenes thailändisches Restaurant. Bei drei herrlichen Angeboten von Reistafeln hat man die Qual der Wahl. *Mi–So | Proveniersstraat 29a | Tel. 010/466 04 39 | €*

DE PAPPEGAY

Eine gute Adresse für einen Mittagsimbiss im Museum des Schieland-

>LOW BUDGET

> Rundfahrt fast für lau: Waterbus-Boote pendeln von Rotterdam aus täglich die Maas hinab bis nach Dordrecht und weiter in den Biesbosch. Hin- und Rückfahrt 6,90 Euro.

> Wer blühende Tulpen sehen will, sollte im Frühjahr mit dem Zug von Haarlem nach Leiden fahren. Die Zugstrecke führt mitten durch die Tulpenfelder. Hin- und Rückfahrt 9,30 Euro

> Günstig exotisch essen kann man in Rotterdam in den vielen *Tokos:* surinamische Imbissstuben, von denen es zum Beispiel in der *Witte de Withstraat* einige gibt.

> Der Eintritt zum Besucherzentrum des imposanten Flutwehrs *Maeslantkering* bei Hoek van Holland ist gratis. Per Knöpfchen kann man ein Modell des Flutwehrs öffnen und schließen.

hauses. *Di–So | Korte Hoogstraat 31 | Tel. 010/411 72 32 | €*

OLIVA

Gute mediterrane Küche in einem minimalistisch eingerichteten Restaurant in der Galeriemeile. *Tgl. | Witte de Withstraat 15a | Tel. 010/412 14 13 | €€*

EINKAUFEN

Die Hauptstraße des Zentrums ist der *Coolsingel.* Von dort bummelt man am besten zu den folgenden Punkten: *Lijnbaan,* erste Fußgängerzone Europas, *Plaza,* das überdachte Geschäftszentrum, *Beurstraverse* und zum *Noorderboulevard.* In der *Witte de Withstraat:* Bistros, Cafés, Buchhandlungen und Galerien. Di und Fr ist Markttag bei der St. Laurenskerk.

ÜBERNACHTEN

NEW YORK 🔊

Stilvoll im ehemaligen Abfertigungsgebäude für Passagierschiffe an der Maas. Restaurant. *72 Zi. | Koninginnehoofd 1 | Tel. 010/439 05 00 | Fax 484 27 01 | www.hotelnewyork.nl | €€–€€€*

STROOM

18 in minimalistischem Weiß gehaltene Studios in einem früheren Elektrizitätswerk. Im gleichen Gebäude befindet sich ein gutes Café-Restaurant. *Lloydstraat 1 | Tel. 010/221 40 60 | Fax 221 40 61 | www. stroomrotterdam.nl | €€€*

VAN WALSUM

Ruhig gelegenes Hotel mit Garten. *29 Zi. | Mathenesserlaan 199–201 |*

RANDSTAD

Tel. 010/436 32 75 | Fax 436 44 10 | www.hotelvanwalsum.nl | €–€€

AM ABEND

Ein viel besuchtes Jazzcafé ist *Dizzy's (Gravendijkwal 127)*, außerdem sind *Now & Wow (Maashaven ZZ 1–2)* und *Nighttown (Westkruiskade 26–28)* beliebte Diskotheken. Das größte Filmtheater ist das *Pathé (Schouwburgplein 101)*. Filmkunst zeigt *Lantaren (Gouvernestraat 133)*. Im Spielcasino *(tgl. 12–3 Uhr | Plaza Complex | Weena 624)* werden korrekte Kleidung und der Pass verlangt.

AUSKUNFT

VVV
Coolsingel 5 | Tel. 09 00/403 40 65 | www.vvv.rotterdam.nl

ZIELE IN DER UMGEBUNG

BIESBOSCH [118–119 C–D6]
Insider Tipp
Der Nationalpark Biesbosch (Binsenwald), ein großes Vogelschutzgebiet, ist gut mit Rad- und Wanderwegen erschlossen, Gelegenheiten zum Segeln und Kanufahren bieten sich auch. *20 km südöstlich*

HOEK VAN HOLLAND [118 A5]
Fährhafen nach England, wegen seines Strandes beliebt (33 km westlich von Rotterdam). Empfehlenswert ist das Restaurant *Sand* mit Terrasse *(tgl. | Zeekant 125 | Tel. 01 74/ 38 25 03 | €€)*.

SCHIEDAM ⭐ [118 B5]
Der 9,5 km entfernte Ort mit 70 000 Ew. wurde vor allem als Geneverstadt bekannt. Ende des 19. Jhs. zählte das ehemalige Fischerdorf 400 Brennereien. Das historische Stadtbild wird beherrscht von den fünf Mühlen, von denen zwei mit 33 m zu den höchsten der Welt zählen. In der Mühle *De Noord* (1803)

Unterwegs im Nationalpark Biesbosch

ist ein Restaurant untergebracht, die Mühle *De Nieuwe Palmboom* (1781) bietet Raum für ein Mühlenmuseum *(Di–Sa 11–17, So 12.30–17 Uhr | Eintritt 2,50 Euro | Führungen nach Vereinbarung, Tel. 010/426 76 75 | Noordvest 34)*.

52 | 53

> ZU BESUCH IM LAND DER MEISTERMALER

Polder, Strände und gemütliche Städte: Die Halbinsel Holland lädt ein zu einer Entdeckungsreise

> Die Landschaft ist weit, der Himmel scheint so hoch zu sein wie nirgendwo sonst. Der Wind bläst kräftig, kräuselt das Wasser, zerzaust die Bäume und trägt Gerüche von frischem Land und brackigem Wasser mit sich.

Eine Duftnote, die unnachahmlich die Polderlandschaft prägt. Die Bauern behaupten, dass man in dieser Gegend morgens bereits die Gäste in der Ferne sieht, die einem mittags den Genever austrinken.

Bild: Strand bei Egmond aan Zee

Die Weite der flachen Landschaft thematisierten Maler wie Hendrick Avercamp (1596–1656) und Jacob von Ruisdael (1628–82). Und über dem Land die Wolken, jene bekannten Kumulusgebilde, als Stapelwolken umschrieben, die typisch sind für die Bilder der alten Meistermaler.

Historische Städte wie Alkmaar, Enkhuizen, Hoorn, Haarlem oder Monnickendam haben sich einen gemütlichen Charakter bewahrt, um-

RUND UMS IJSSELMEER

schlossen von Vorortsiedlungen, Industrie, Blumenzuchtfeldern und Bauernland.

Die niederländischen Strände werden im Lauf der Zeit immer weiter. Mehrere Millionen Kubikmeter Sand werden Jahr für Jahr von Den Helder im Norden der Provinz Nordholland bis zur Mündung des Nordseekanals ins Meer bei IJmuiden durch Sandspülungen aufgeschüttet, um zu verhindern, dass die Küste weiter abgetragen wird. Sandspülungen haben einen willkommenen Nebeneffekt: Der Strandtourismus in dieser Region wird gefördert. Beliebte Badeorte wie Bergen, Egmond, Schoorl oder Zandvoort profitieren davon.

ALKMAAR

[116 A6] **Der Käsemarkt, der in jedem Sommer regelrecht inszeniert wird, ist die touristische Attraktion der küsten-**

ALKMAAR

nahen Stadt. Ihre Blütezeit erlebte sie nach dem 80-jährigen Krieg gegen Spanien im ausgehenden 16. Jh. Alkmaar (95 000 Ew.), seit 1254 mit

Alkmaar ist ein wichtiger Umschlagplatz für Käse

Stadtrechten versehen, hat ein historisches Zentrum mit Grachten und Gassen. Besonders sehenswert sind die mehr als 400 denkmalgeschützten Häuser.

■ SEHENSWERTES

GROTE KERK
Die spätgotische St. Laurenskerk (erbaut 1470–1516) besitzt eine mächtige Kirchenorgel, die als eine der ältesten des Landes gilt. *Koorstraat*

STADHUIS
Das um 1500 errichtete Rathaus macht mit seinem markanten Turm auf sich aufmerksam. *Langestraat 97*

■ EINKAUFEN

MÄRKTE
Jeden Freitag stapeln sich die Käselaibe auf dem Platz an der Stadtwaage. Der *historische Käsemarkt* zieht viele Touristen an *(April–Sept. Fr 10–12.30 Uhr).*

■ AUSKUNFT

VVV
Alkmaar | Waagplein 2 | Tel. 072/ 511 42 84 | Fax 511 75 13

BERGEN

[116 A5–6] ★ Die ehemalige Malerkolonie Bergen (14 000 Ew.), durch eine Parkallee mit dem Badeort Bergen aan Zee verbunden, ist von Wald umgeben. Der breite Sandstrand und das weite Dünengebiet, durch das man wandern und radeln kann – zum Beispiel nach Schoorl oder Egmond –, geben Bergen eine besondere Note. Bergen war Ende des 19., Anfang des 20. Jhs. Erholungsort von Kaufleuten und Künstlern aus Amsterdam. Es konnte sich seinen Charme bis heute bewahren. Die vielen schönen, teilweise reetgedeckten Villen sind typisch. Eine Ausstellung von Werken der Bergener Schule in

> *www.marcopolo.de/niederlande-kueste*

RUND UMS IJSSELMEER

einer der alten Villen erinnert an die Zeit der Maler.

ESSEN & TRINKEN

DE KLEINE PRINS
In dem kleinen, feinen Restaurant werden schmackhafte Gerichte serviert. *Mi–So | Oude Prinsweg 29 | Tel. 072/589 69 69 | €€–€€€*

WONDER'S
Entspanntes Restaurant mit arabisch angehauchter Lounge-Einrichtung. Internationale Karte. *Tgl. | Breelaan 11 | Tel. 072/5815656 | www.wonders-bergen.nl | €€*

ÜBERNACHTEN

HOTEL BOSCHLUST
Ein kleines Hotel mit Bauernhofflair und Restaurant. *21 Zi. | Kruisweg 60 | Tel. 072/581 20 60 | Fax 589 84 79 | www.boschlustbergen.nl | €*

MERLET
Komfortables Landhaus, in den Dünen gelegen. Ausgezeichnetes Restaurant. *18 Zi. | Duinweg 15 | Schoorl | Tel. 072/509 36 44 | Fax 509 14 06 | www.merlet.nl | €€€*

AUSKUNFT

VVV
Plein 1 | Tel. 072/581 31 00 | Fax 581 38 90

ZIEL IN DER UMGEBUNG

EGMOND AAN ZEE   [116 A6]
Quirliger Badeort, guter Strand und zahlreiche Gelegenheiten zu Wanderungen im Dünengebiet. Im Dorf stand das Stammschloss der Grafen von Egmond, das 1573 von Spaniern zerstört wurde. Die Ruinen können besichtigt werden. *10 km westlich*

ENKHUIZEN

[116 C5] Die Stadt (17 000 Ew.) ist heute als niederländisches Wassersportzentrum bekannt. Im Buitenhaven liegen dicht an dicht die historischen Boote, mit denen man übers IJsselmeer, zu den Nordseeinseln, nach Dänemark, England oder nach Norwegen segeln kann.

SEHENSWERTES

DE WAAG
Die Stadtwaage ist ein im Stil der Frührenaissance (1599) errichtetes Haus. *Kaasmarkt*

MARCO POLO HIGHLIGHTS

⭐ **Haarlem**
Die hübsche historische Altstadt der Blumenmetropole Haarlem bietet historische Häuser und Einkaufsvergnügen pur (Seite 61)

⭐ **Zaanse Schans**
Freilichtmuseum mit gepflegten Holzhäusern, Mühlen, alten Läden und einem schön gelegenen Restaurant (Seite 64)

⭐ **Bergen**
Reizvoller Ort mit hübschen Landhäusern (Seite 56)

⭐ **Marken**
Pittoreskes, ehemaliges Fischerdorf (Seite 60)

⭐ **Schokland**
Ehemalige Insel mit historischen Gebäuden (Seite 66)

ENKHUIZEN

STADTBEFESTIGUNG
Insider Tipp
Von der Stadtbefestigung steht noch der mächtige Rundturm, *Drommedaris* genannt, der während der Kolonialzeit Gefängnis war. Vom Turm hat man einen schönen Rundblick über Hafen und Stadt. *Am Hafen*

ST. PANCRASKERK
Überragt wird Enkhuizen vom 75 m hohen Turm der St. Pancraskerk (16. Jh.) mit seinem Glockenspiel.

ZUIDERZEEMUSEUM
Es birgt gleich zwei Museen: Das Innenmuseum, ein Lagerhaus der VOC aus dem 17. Jh., stellt Boote, Möbel, Trachten, Gemälde und vieles mehr aus. Das rund 500 m entfernte Freilichtmuseum dokumentiert die fast vergessene Handwerker- und Fischereikultur rund um die frühere Zuiderzee. Auf einem weiten Areal, durchzogen von Kanälen, wurden rund 135 Gebäude aus Dörfern originalgetreu wieder aufgebaut und im Stil ihrer Zeit (1880–1932) eingerichtet. Auf dem Kindereiland wird in „Siberie" das Leben um 1930 nachgespielt. *Tgl. 10–17 Uhr | Eintritt 12,50 Euro, MK | Wierdijk 20–22 | www.zuiderzeemuseum.nl*

■ ESSEN & TRINKEN ■
DE ADMIRAAL
Altes Seemannscafé mit riesiger, bei Regen mit einem Segel überspannter Terrasse gegenüber vom Hafen. Leckere Fischgerichte. *Tgl. | Havenweg 4 | Tel. 02 28/31 92 56 | €€*

VAN BLEISWIJK
Restaurant im alten Regentenhaus. *Tgl. | Westerstraat 84/96 | Tel. 02 28/32 59 09 | €€*

■ ÜBERNACHTEN ■
DIE PORT VAN CLEVE
Ein Hotel mit historischem Charme und elegantem Restaurant. Die 26 Zimmer sind teilweise altmodisch, teilweise modern möbliert. *Dijk 74–78 | Tel. 02 28/31 25 10 | Fax 31 87 65 | www.dieportvancleveenkhuizen.nl | €*

■ ZIELE IN DER UMGEBUNG ■
BROEK IN WATERLAND [119 D2]
Ein Hollandidyll: gut besuchtes, ca. 65 km entferntes Dorf (2000 Ew.) mit hübschen Holzhäuschen. Das besonders malerische Viertel ist *Havenrak*, einst der Ortshafen. Gemütlich sitzt man im Café De Witte Swaen *(tgl. | Dorpsstraat 11/13 | €)* in einem

> ALLES KÄSE!
Seit dem 17. Jh. gilt das Land als Käsenation

Als Besucher kann man nur darüber staunen, wie hauchdünn der Käse im Käseland Holland geschnitten wird. Mit dem handelsüblichen *kaasschaaf*, einem speziellen Hobel, erlangt das Milchprodukt eine köstliche Transparenz. Im 17. Jh. wurde der Käse noch von Hand hergestellt. Heute gibt es mehr als drei Dutzend Fabriken, in denen Gouda, Leerdamer und Edamer am Fließband produziert werden. In der friesischen Hauptstadt Leeuwarden wurde der Mutterkuh *Us Mem* gar ein Denkmal gesetzt.

RUND UMS IJSSELMEER

Haus aus dem Jahr 1596. Spezialität: Pfannkuchen.

EDAM [116 B6]

Weltberühmt wurde Edam (7400 Ew., 40 km südlich) durch die kugelrunden Käse, die hier schon im 17. Jh. verkauft wurden. Heute ist der Ort mit hübschem historischem Zentrum eher ruhig. An der Waage: Käsemarkt mittwochmorgens im Juli und August. Feine Küche und 23 Zimmer in einem altholländischen Haus bietet *De Fortuna (Spuistraat 3 | Tel. 02 99/37 16 71 | Fax 37 14 69 | www.fortuna-edam.nl | €€).*

HOORN [116 B6]

Hoorn (60000 Ew., 18 km westlich) wurde im 14. Jh. von norddeutschen Kaufleuten gegründet und war einmal einer der wichtigsten Sitze der VOC. Heute sind Tourismus und Wassersport die Haupteinnahmequellen. Wer durch die Gassen der Stadt geht, findet noch 300 Gebäude aus dem Goldenen Zeitalter. Gegenüber der Stadtwaage birgt das 1632 erbaute Proostenhuis das *Westfries Museum* mit Sammlungen zur Stadtgeschichte *(Mo–Fr 11–17, Sa/So 13–17 Uhr | Eintritt 5 Euro, MK | Rode Steen 1 | www.wfm.nl).* Ein uriges Interieur hat Restaurant *De Hoofdtoren*, in einem kerzenbeleuchteten Hafenturm *(tgl. | Hoofd 2 | Tel. 02 29/21 54 87 | €€).*

MEDEMBLIK ▶▶ [116 C5]

Von Enkhuizen aus können im Sommer Ausflüge mit dem Boot nach Medemblik (7000 Ew.), dem ältesten Ort Westfrieslands (aus dem 10. Jh.), unternommen werden. Vor dem Bau des Abschlussdeichs war Medemblik ein Handelshafen, heute ist der 20 km von Enkhuizen entfernte Ort vor allem Ziel für Wassersportler. Sehenswert

Viele Fassaden in Hoorn erinnern an die große Zeit der Handelsstadt

sind die spätgotische Hallenkirche *St. Bonifatius* (15./16. Jh.) und *Schloss Radboud* (1288). Ein angenehmes und modernes Haus ist das *Tulip Inn Medemblik* mit 26 Zimmern *(Oosterhaven 1 | Tel. 02 27/ 54 38 44 | Fax 54 23 97 | €).* Zwischen Medemblik und Hoorn verkehrt eine historische Eisenbahn *(Ostern–Ende Nov. | Tel. 02 29/21 48 62).*

58 | 59

ENKHUIZEN

MONNICKENDAM [119 D2]
Der früher so reichen Stadt sieht man ihre ruhmreiche Vergangenheit nur noch an einigen Bürgerhäusern, dem Rathaus und der Grote Kerk (14. Jh.) an. Gemeinsam mit Hoorn und Enkhuizen gehörte Monnickendam (11000 Ew.) damals zu den großen Hafenstädten, bis es vom Konkurrenten Amsterdam überflügelt wurde und verfiel. Yachthafen, als Werbeträger bereits Sängern und Fußballern zum Erfolg verholfen. Interessant die Holzkirche von 1685, kurios das *Hotel Spaander* am Hafen wegen seiner altholländischen und künstlerischen Atmosphäre *(80 Zi. | mit Restaurant | Haven 15 | Tel. 02 99/36 35 95 | Fax 36 96 15 | www.hotelspaander.com | €€).* (Insider Tipp)

Das Museumsdorf Marken zeigt, wie die Fischer in früheren Zeiten lebten

(Insider Tipp) ten Amsterdam überflügelt wurde und verfiel. Yachthafen, Aalräuchereien und zahlreiche Imbisse mit Fischsnacks am Wasser. *48 km südlich*

VOLENDAM [116 B6]
Das Markenzeichen von Käsefrau Antje aus der Werbung, die Spitzenhaube *hulletje,* wurde in diesem viel besuchten Fischerdorf erfunden (18000 Ew., 44 km südlich). Es hat

Vom Volendamer Hafen aus fahren Boote nach ★ *Marken,* einer früheren Fischerinsel (man kann sie auch über einen Damm erreichen). Das Museumsdorf Marken ist das calvinistische Gegenstück zum lebensfrohen katholischen Volendam. Die Holzhäuschen sind in Grün, Silbergrau oder Teerschwarz gestrichen. Wie beengt die Fischerfamilien früher wohnten, sehen Sie im *Marker*

> www.marcopolo.de/niederlande-kueste

RUND UMS IJSSELMEER

Museum (tgl. 10–17 Uhr | Eintritt 2,50 Euro | Kerkbuurt 44–47).

HAARLEM

[118 C2] ⭐ **Die Blumenstadt, nur 7 km von der Nordseeküste entfernt, ist umgeben von einem Dünen- und Waldgebiet und gilt als die interessanteste Einkaufsstadt des Landes.** Die Hauptstadt der Provinz Nordholland (150000 Ew.) hat eine intakte historische Innenstadt. Haarlem ist etwas älter als Amsterdam; es erhielt 1245 die Stadtrechte. Zahlreiche Künstler, Baumeister und Maler wohnten hier. Berühmtester Maler der Stadt war Frans Hals.

■ SEHENSWERTES

BAHNHOF
Ein Kleinod aus den Kindertagen der Eisenbahn, 1908 im Jugendstil mit Elementen aus Kacheln und Holz errichtet. Zwischen Amsterdam und Haarlem fuhr 1839 die erste Eisenbahn des Landes.

CRUQUIUSMUSEUM
Wo früher das Wasser des Haarlemmermeers plätscherte, befindet sich heute der älteste mit Dampfkraft trockengelegte Polder Hollands. Wie er entstand, wird hier anschaulich gezeigt. *März–Okt. Mo–Fr 10–17, Sa/ So 11–17 Uhr | Eintritt 5 Euro | Cruquiusdijk 27 | www.museumdecruquius.nl*

FRANS-HALS-MUSEUM
Werke der Maler der Haarlemer Schule, die als Wegbereiter der niederländischen Malerei gelten, bilden den Schwerpunkt der Sammlung. Höhepunkt ist der eindrucksvolle Zyklus der acht Gruppenbilder Haarlemer Regenten und Schützengilden (Schutters) von Frans Hals. Weitere große Maler wie Jan van Scorel, Maerten van Heemskerck sind vertreten. Außerdem sind Stilmöbel, Silberschmuck, eine rekonstruierte Apotheke, ein historisches Puppenhaus sowie Werke zeitge-

› MATA HARI
Exotische Tänzerin aus Friesland

Die Wurzeln der berüchtigten Nackttänzerin und Spionin Mata Hari waren längst nicht so exotisch, wie ihr Künstlername, der auf Malaysisch „Auge der Sonne" bedeutet, vermuten lässt: Geboren wurde sie 1876 als Margaretha Geertruida Zelle in Leeuwarden, wo ihr Vater ein Hutgeschäft besaß. 1895 heiratete sie einen Kapitän der niederländischen Marine und wohnte mit ihm zunächst in Amsterdam, dann in Niederländisch-Indonesien. Die Ehe scheiterte jedoch, Margaretha ließ sich 1904 scheiden und zog nach Paris. Dort machte sie Karriere als Nacktänzerin und Mätresse, bis sie 1917 als Spionin hingerichtet wurde. Noch heute ist umstritten, ob sie zu Recht verurteilt wurde. Ihre Heimat sah Mata Hari nur noch einmal wieder, kehrte aber schnell wieder nach Paris zurück. Dennoch wurde ihr am *Korfmakerspijp* im Zentrum von Leeuwarden ein bronzenes Denkmal gesetzt, und in der *Beijerstraat 12* kann man das Geburtshaus der wohl berühmtesten Friesin sehen.

HAARLEM

nössischer Fotografen ausgestellt. Im Zentrum des Vierflügelbaus befindet sich ein schöner Museumsgarten. Von der einen Pforte schaut der „Pessimist" Herakles herunter, von dem anderen Tor der „Optimist" Demokrit. *Di–Sa 11–17, So 12–17*

Insider Tipp

Art-déco im Grand-Café *Brinkmann*

Uhr | Eintritt 7,50 Euro, MK | Groot Heilig-Land 62 | www.franshalsmuseum.nl

GROTE MARKT
Der Grote Markt mit St. Bavo, dem Rathaus im Stil der holländischen Renaissance und der Vleeshal (dort sind Ausstellungen moderner Kunst zu sehen) hat sich seit dem 17. Jh. kaum verändert. Zahlreiche Cafés und Restaurants, etwa das *Grand Café Brinkmann* (beliebter Treffpunkt) und die historische Kneipe *In den Uiver*.

ST. BAVO (GROTE KERK)
Das auffallendste Gebäude der Stadt ist die spätgotische Kreuzbasilika St. Bavo (14.–16. Jh.) am Grote Markt, gekrönt vom 80 m hohen, schlanken Turm. Der Großteil des Kircheninneren stammt noch aus der Zeit vor der Reformation, und das klingende Schmuckstück ist die weltberühmte Orgel, 1738 von Christian Müller erbaut. Händel, Mozart, Schubert, Liszt und Schweitzer spielten hier. *Mo–Sa 10–16 Uhr, Orgelkonzerte Mai–Okt. Di abends, Juli–Aug. Do 15–16 Uhr | Grote Markt*

ST. BAVO KATHEDRAAL
Im westlichen Stadtteil an der Leidsevaart erhebt sich der eindrucksvolle Kuppelbau mit neugotischen und arabischen Stilelementen. St. Bavo, errichtet 1927–1930, ist 100 m lang, 42 m breit und 61 m hoch. Schatzkammer mit goldenen und silbernen Sakralgegenständen.

TEYLERS MUSEUM
Das älteste Museum der Niederlande wurde vom reichen Tuchhändler Pierre Teyler von der Hulst 1778 gegründet. In klassizistischer Umgebung wird eine bunte Kollektion zu den Themen Wissenschaft, Zoologie, Kunst ausgestellt. Zu sehen sind auch Zeichnungen u. a. von Rembrandt, Raffael und Michelangelo. *Di–Sa 10–17, So 12–17 Uhr | Eintritt 7 Euro, MK | Spaarne 16 | www.teylersmuseum.nl*

> **www.marcopolo.de/niederlande-kueste**

RUND UMS IJSSELMEER

ESSEN & TRINKEN

DE ARK
Typisch holländisches *eetcafé* mit braunem Holzinterieur, geselliger bis lauter Atmosphäre und bodenständiger Küche. *Tgl. | Nieuw Heiligland 3 | Tel. 023/531 10 78 | €*

DE LACHENDE JAVAAN
Fernöstliche Küche mit dem Schwerpunkt Java, die den Gaumen kitzelt. *Di–So | Frankestraat 27 | Tel. 023/ 532 87 92 | €€*

EETKAMER KARMOZIJN
Ton Overbeek erledigt in seiner Eetkamer mit nur sechs Tischen alles selber, vom Kochen bis zum Bedienen. Seine französische Küche ist in Haarlem stadtbekannt. *Tgl. | Gierstraat 69 | Tel. 023/542 10 95 | €€€*

EINKAUFEN

Wo Einkaufen viel Freude macht: Im Zentrum findet man viele kleinere Geschäfte. Rund um den Marktplatz, entlang der Gedempten Oude Gracht, in der Zijl- und der Kruisstraat gibt es die meisten von ihnen, u. a. *Voet en Zoon* (Tabak), *Kruisstraat 39, Van der Pigge* (Kaffee und Tee), *Grote Hontstraat 81,* ferner der Seifenmacher *La Savonnière,* das Modegeschäft *Versato,* die Buchhandlung *Willa Reinke* und die Patisserie *De Taart van m'n Tante.*

ÜBERNACHTEN

CARILLON
Direkt am Grote Markt gelegenes Zweisternehotel. *21 Zi. | Grote Markt 27 | Tel. 023/531 05 91 | Fax 531 49 09 | www.hotelcarillon.com | €*

AM ABEND

Abendlicher Treffpunkt in Haarlem ist der Grote Markt mit mehreren Restaurants und Cafés, z. B. dem *Café De Lift* oder das ☠ *Grand Café Brinkmann (Brinkmannpassage 41).*

AUSKUNFT

VVV
Stationsplein 1 | Tel. 09 00/616 16 00 | Fax 023/534 05 37 | www.vvvzk.nl

ZIELE IN DER UMGEBUNG

BEVERWIJK   [118 C2]
Mit 3000 Ständen in 5 Hallen ist der Beverwijkse Bazaar gigantisch. Von Gewürzen bis zu Trödel und Kleidung (auf dem Zwarte Markt) findet man

>LOW BUDGET

> Gratis gruseln: Im Keller der *Nicolaaskerk* im friesischen Wiuwert gibt es vier jahrhundertealte Mumien zu bestaunen.

> Die Stayokay-Jugendherberge von Heemskerk bei Haarlem befindet sich im mittelalterlichen Schloss Assumburg. Ab 22 Euro pro Person kann man in der Orangerie oder im Turmzimmer übernachten *(April–Okt., Tolweg 9, Tel. 02 51/ 23 22 88).*

> Mit der Fähre von Enkhuizen einmal quer übers IJsselmeer ins hübsche Städtchen Stavoren und zurück zu fahren, kostet nur 13,20 Euro.

> Im Laden der Keramikmanufaktur *Koninklijke Tichelaar* in Makkum gibt es eine Zweite-Wahl-Ecke. Mit etwas Glück kann man dort ein Designerstück mit minimalem Fehler zum halben Preis ergattern.

HAARLEM

fast alles. *Sa/So 8.30–18 Uhr | Eintritt 2 Euro | über A 9 Haarlem–Alkmaar, dann Afslag A 22, ca. 18 km entfernt*

IJMUIDEN   [118 C2]

Der Vorhafen von Amsterdam und Hollands größter Fischereihafen (18 km nördlich von Haarlem) entstand 1875 fast zeitgleich mit dem Nordseekanal. Die Sehenswürdigkeiten von IJmuiden sind die vier Schleusen, von denen die *Noordersluis* von 1929, 50 m breit, 15 m tief und 400 m lang, die größte Europas ist. Von der Seebrücke beim *Zuiderpier* hat man einen guten Blick auf die ein- und auslaufenden Schiffe. Schöner Strand bei IJmuiderslag. Es gibt mehrere gute Fischrestaurants, z.B. *IJmond (tgl. | Seinpostweg 40 | Tel. 02 55/51 35 36 | €€€)* oder *Augusta: leckere, kreative Küche in romantischer Umgebung (tgl. | Oranjestraat 98 | Tel. 02 55/51 42 17 | €€).*

ZAANSE SCHANS ⭐   [118 C2]

Zaanse Schans ist ein *Freilichtmuseum* mit gepflegten grünen Holzhäusern und weißen Fensterläden, alten Lädchen und wuchtigen *Mühlen*, von denen man drei besichtigen kann *(Mitte April–Okt. tgl. 9–17 Uhr).* Um 1900 gab es hier noch mehr als 100 Mühlen. Angeboten werden auch *Bootsrundfahrten auf der Zaan.* Schön am Wasser liegt das Restaurant *De Hoop op d'Swarte Walvis:* fantasievolle, aber teure Küche *(Mo–Sa | Kalverringdijk | Tel. 075/616 56 29 | €€€). 30 km entfernt*

ZANDVOORT   [118 B–C2]

Gemeinsam mit Scheveningen und Renesse gehört Zandvoort (11 km südlich, 16000 Ew.) zu den besonders beliebten Urlaubszielen an der niederländischen Nordseeküste. An der Promenade am Meer stehen die Hotel- und Apartmentkomplexe. Jährlich zieht es rund 1,5 Mio. Besucher in diesen Badeort. Das „*Amsterdam aan Zee*" ist das Hausbad der Hauptstädter und ein beliebtes Tagesziel für Deutsche aus dem Ruhr- und Rheingebiet. Typisch sind die Fischkarren am Strand mit sehr geschäftstüchtigen Verkäufern. Hinter dem alten Leuchtturm in Richtung Noordwijk liegen ein ▶▶ FKK- und ein von Homosexuellen bevorzugter Strand.

Die Ferienstadt zwischen dem Nationalpark Kennemerduinen und dem Nordseestrand ist schon seit über 175 Jahren Seebad. Noch wird das Zentrum von Imbissbuden, Eisdielen und dem bunten Spielzentrum *Circus Zandvoort* beherrscht. Aber Zandvoort versucht nun, den ursprünglichen Charakter im Dorfkern nach dem Vorbild des flämischen Seebads Blankenberge aufzuwerten und seinen guten alten Ruf zurückzugewinnen

Hinter dem Badeort erstreckt sich das großartige Naturschutzgebiet *Kennemerduinen* mit seinen Dünenfeldern, Schatten spendenden Waldgebieten und zahlreichen Rad- und Wanderwegen. Es dient außerdem als Trinkwasserreservoir für Amsterdam.

Villenvororte wie *Bloemendaal* prunken mit Landsitzen am Rand des Bollenstreek, des von Mitte März an blühenden Blumenlandes. Der Strand von Bloemendaal ist in den vergangenen Jahren bei jungen, trendbewussten Amsterdamern beliebt: Zahlreiche Diskos und Clubs aus der Hauptstadt haben hier ihre

> **www.marcopolo.de/niederlande-kueste**

RUND UMS IJSSELMEER

Insider Tipp ▶▶ **Sommerfilialen** eröffnet. Große Auswahl an einfachen Pensionen. Das Familienhotel *Zuiderbad,* am Strand gelegen, ist einfach eingerichtet *(26 Zi. | Bld. Paulus Loot 5 | Tel. 023/571 26 13 | Fax 571 91 90 |*

jüngste Provinz der Niederlande: eine zwischen 1942 und 1968 aus dem Meer gewonnene Kunstlandschaft, bis zu 5 m unter dem Meeresspiegel liegend – und platt wie ein Billardtisch. Die Hauptstadt von Flevoland

Windmühlen und alte Läden sind im Freilichtmuseum Zaanse Schans zu besichtigen

www.hotelzuiderbad.nl | €). Außerdem: Camping *De Branding (Tel. 023/571 30 35 | Fax 571 92 83 | www.campingdebranding.nl | €)* und *De Duinrand (Tel. 023/571 24 12 | Fax 573 45 29 | www.duinrand.net | €, beide Boulevard Barnaart).*

FLEVOLAND

[119 E–F 1–3] Bei der Reise durch die „Meeresprovinz" wird man immer wieder daran erinnert, wie dem Wasser Land abgerungen wurde. Flevoland ist die

mit 60 000 Ew., Lelystad [119 F1], sowie viele Dörfer sind auf dem Reißbrett entstanden. Das 1410 km^2 große Gebiet besitzt 21 Yachthäfen mit rund 7000 Liegeplätzen, zahlreiche Bungalowdörfer sowie das Vogelschutzgebiet *Oostvaardersplassen* mit Seen, Sumpf und Wäldern.

■ ZIELE IN FLEVOLAND

BATAVIA STAD [119 F1–2]
Großes Fabrikverkaufszentrum. Outletshops bekannter Marken mit vergünstigter Damen-, Herren- und

64 | 65

FLEVOLAND

Kindermode, aber auch Sportkleidung, Taschen und Kosmetik. *Tgl. 10–18 Uhr | Bataviaplein | Lelystad | www.bataviastad.nl*

BATAVIA-WERFT [119 F1]
Die fast 60 m lange „Batavia", die während ihrer ersten Reise vor der Küste Westaustraliens sank, wurde rekonstruiert. Zurzeit wird an dem Admiralitätsschiff *Zeven Provinciën* aus dem Jahre 1665 gearbeitet. Im Besucherzentrum gibt es Werkstätten und eine Taverne zu besichtigen. *Tgl. 10–17 Uhr | Eintritt 10 Euro | Oostvaardersdijk | Lelystad | www.bataviawerf.nl*

NIEUW LAND
ERFGOEDCENTRUM [119 F1–2]
In dem futuristisch anmutenden Gebäude wird die beeindruckende Geschichte des niederländischen Kampfes gegen das Wasser (teilweise interaktiv) erzählt. Alte Filme und Fotos veranschaulichen die Landgewinnung und den Deichbau. *Di–Fr 10–17, Sa/So 11.30–17 Uhr | Eintritt 7,50 Euro, MK | Oostervaardersdijk | Lelystad | www.nieuwlanderfgoedcentrum.nl*

SCHOKLAND ★ [117 E6]
Schokland, eine ehemalige Insel, wurde 1996 von der Unesco zum Weltkulturerbe erklärt. Das winzige Anwesen besteht aus einer kleinen Kirche, einigen Häusern, Museum und Restaurant. *April–Okt. Di–So 11–17, Nov.–März Fr–So 11–17 Uhr | Eintritt 3,50 Euro | www.natuurlijkschokland.nl*

URK [117 D6]
Das bereits im Jahre 966 erwähnte Fischerdorf Urk, 30 km von Lelystad entfernt, war bis 1939 ebenfalls eine Insel in der Zuiderzee. In dem frommen Ort (15 000 Ew.) mit seinen 17 Kirchen ist das Arbeiten am Sonntag noch immer verboten. Lebendig ist es am Freitag, wenn die Fisch-

Ein Hauch von „Titanic": Die „Batavia" ging auf ihrer ersten Reise unter

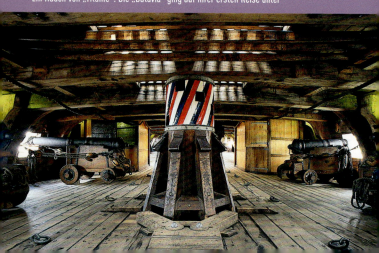

RUND UMS IJSSELMEER

Die Kirche Nordoostpolder ist Teil des Unesco-Weltkulturerbes Schokland

trawler, die modernsten Hollands, vom Fang zurückkehren. Schiffseigner und Polizei passen auf, dass niemand eine Kiste mit Seezungen blitzschnell in einem Kofferraum verschwinden lässt. Vom alten Leuchtturm, direkt am Wasser, hat man einen herrlichen Panoramablick über das Dorf. Am Hafen gibt es einige Fischrestaurants, u.a. *De Kaap* | tgl. | Wijk 1 | Nr. 5 | Tel. 05 27/ 68 15 09 | €€.

AUSKUNFT
INFOPUNKT
Im Rathaus Almere | Stadhuisplein 1 | Tel. 036/548 50 41 | www.vvvalmere.nl

FRIESLAND
[117 D–F 1–4] **An den Autos sieht man die Aufkleber FRL, und überall weht die friesische Flagge mit den sieben roten Seerosenblättern (pompebledden):** *Fryslân* heißt die Provinz, in der man stolz ist, kein Holländer zu sein und seine eigene Sprache, nämlich Friesisch, zu sprechen. Die meisten Ortsschilder sind zweisprachig beschriftet: So heißt etwa die Provinzhauptstadt Leeuwarden auch *Ljouwert* und das Städtchen Franeker trägt auch den Namen *Frjentsjer*.

Friesland ist eine relativ dünn besiedelte, ländliche Provinz und vor allem wegen ihrer Naturschönheiten und historischen Orte bekannt. Die IJsselmeerküste und die friesischen Seen machen es zum Wassersportparadies – Strände gibt es dagegen wenige. Wenn es im Winter einmal richtig friert, findet hier die *elfstedentocht* statt: ein Eislaufmarathon über Grachten und Kanäle entlang elf historischer Städte.

Auch kulinarisch hat Friesland einiges zu bieten. Berühmt sind der nelkengespickte *nagelkaas* und der Berenburger Schnaps.

ZIELE IN FRIESLAND
FRANEKER [117 D2]
Verschlafenes Grachtenstädtchen (12 000 Ew.), das einmal eine bedeutende Universitätsstadt war. Sogar René Descartes hat hier im 18. Jh.

66 | 67

FRIESLAND

Insider Tipp

studiert. Hauptattraktion ist jedoch das *Eisinga-Planetarium,* ältestes noch funktionierendes Planetarium der Welt. Der Wollkämmer Eise Eisinga baute das wunderschöne blau-goldene Konstrukt vor gut 200 Jahren in seiner Freizeit an seiner Wohnzimmerdecke. *Di–Sa 10–17, So 13–17 Uhr | Eintritt 4,50, Kinder 3,75 Euro | Eise Eisingastraat 3 | Franeker | www.planetarium-fries land.nl*

HARLINGEN (HARNS) [117 D3]

Als Fährhafen nach Terschelling und Vlieland ist Harlingen (17000 Ew.) ein idealer Ausgangspunkt für Fahrten durchs Wattenmeer. Die kleine Seefahrerstadt mit den alten Lagerhäusern hat einen geschlossenen Stadtkern mit mehr als 500 historischen Gebäuden. Im Hannemahuis befindet sich das *Städtische Museum (Voorstraat 56 | www.hannemahuis. nl | bis Frühjahr 2009 wegen Umbaus geschlossen).* Eine altfriesische Herberge ist *t'Heerenlogement,* in deren Restaurant Sie mit friesischen Spezialitäten verwöhnt werden *(25 Zi. | Frankereind 23–25 | Tel. 05 17/41 58 46 | Fax 41 27 62 | www.heerenlogement.nl | €).* Auch Freunde ausgefallener Unterkünfte finden eine passende Bleibe. Ein **Insider Tipp** alter *Leuchtturm* und ein *Hafenkran* bieten jeweils Platz für zwei Gäste. Reservierung beim *TIP Harlingen | St. Odolphisteeg 10 | Tel. 05 17/ 43 02 07*

HINDELOOPEN (HYLPEN) [117 D4]

Das friesische Seefahrerstädtchen mit der ruhmreichen Vergangenheit als Hansestadt macht einen eher verträumten Eindruck, war aber im 14. Jh. ein wichtiger Fischereihafen und erlebte im 17. und 18. Jh. seine Blütezeit. Die das Stadtbild beherrschende *Kirche* wurde mehrmals umgebaut, zuletzt im 19. Jh. Wahrzeichen ist der wuchtige viereckige *Turm.* Im Zentrum finden Sie einige hübsche *Commandeurshuizen* und alte Holzbrücken. Bekannt ist die Stadt (11500 Ew.) wegen ihrer blumigen Möbelmalerei und ihrer traditionellen Tracht. Mehrere Ateliers verkaufen Hindelooper Möbel. In der *Marina Hindeloopen* haben 550 Segelboote Platz *(Tel. 05 14/52 45 24).*

LEEUWARDEN (LJOUWERT) [117 E2]

Die Provinzhauptstadt (85000 Ew.) besitzt ein ruhiges Zentrum und schöne Kanäle (Over de Kelders und Voorstreek). Wahrzeichen ist der schiefe, 40 m hohe *Oldehove Toren,* von dem man eine schöne Aussicht hat *(Mai–Okt. 14–17 Uhr | Olderhoofsterkerkhof 1).* Die *Grote Kerk* stammt aus dem 13. Jh. *(Jacobijnerkerkhof 95).* Im *Fries Museum* gibt es Ausstellungen zu den Themen Archäologie und Textilverarbeitung, eine Sammlung von Silberarbeiten des Landes und moderne Kunst zu sehen. Im angeschlossenen *Eysinga-* **Insider Tipp** *huis* hat man das Gefühl, bei einer adeligen Friesenfamilie zu Gast zu sein *(Di–So 11–17 Uhr | Eintritt 6 Euro, MK | Turfmarkt 1 | www. friesmuseum.nl).* Hervorragende friesische Küche, vom torfgeräucherten Aal bis zum Edelhirschen, wird im Restaurant *De Nieuwe Mulderij* serviert *(tgl. | Baljeestraat 19 | Tel. 058/213 48 02 | €€€).* Standesgemäß übernachten kann man im histori-

> **www.marcopolo.de/niederlande-kueste**

RUND UMS IJSSELMEER

schen 🔊 *Stadhouderlijk Hof*, wo bereits die Vorfahren von Königin Beatrix nächtigten *(28 Zi. | Hofplein 29 | Tel. 058/216 21 80 | Fax 216 38 90 | www.stadhouderlijkhof.nl | €€)*.

MAKKUM [117 D3]

Ursprünglich war das hübsche Städtchen am IJsselmeer ein Fischerdorf. Inzwischen ist es dank seines großen 🔊 Yachthafens vor allem bei Seglern beliebt. Aber auch Freunde niederländischer Fayencen kommen hier auf ihre Kosten, denn in Makkum hat die Manufaktur ==Koninklijke Tichelaar== ihren Sitz. Der älteste Betrieb der Niederlande produziert seit 1594 hochwertige Kacheln, Geschirr und Vasen, inzwischen auch mit experimentellen, modernen Designs. Neben einer Führung durch die Manufaktur *(Mo–Fr 11 und 13.30 Uhr)* lockt der angeschlossene Laden *(Mo–Fr 9–17.30 Uhr, Sa 9–17 Uhr | Turfmarkt 65 | www.tichelaar.nl)*.

SNEEK (SNITS) [117 D3]

Die zweitgrößte Stadt Frieslands (30 000 Ew.) liegt inmitten des friesischen Seengebietes. Sneek und Umgebung gelten als Hochburg des Wassersports, alle Seen und Flüsse der Gegend sind miteinander verbunden. Am Sneeker Meer liegt einer der größten Yachthäfen Europas.

Im Ortszentrum das Rathaus mit einer für Friesland seltenen Rokokofassade. Das *Wassertor* mit Türmchen (1613) ist Rest der ehemaligen Stadtbefestigung. Im ==Fries Scheepvaart Museum== sind Schiffsmodelle, Keramiken und alte Kostüme zu sehen *(Mo–Sa 10–17, So 12–17 Uhr | Eintritt 3 Euro, MK | Kleinzand 14 | www.friesscheepvaartmuseum.nl)*.

WORKUM (WARKUM) [117 D4]

Das Dorf (4000 Ew.) hat fast städtischen Charakter. Es gibt mehrere

Verträumtes Städtchen Hindeloopen

Einkehr- und Übernachtungsmöglichkeiten, z.B. *Hotel de Gulden Leeuw (10 Zi. | Merk 2 | Tel. 05 15/ 54 23 41 | www.deguldenleeuw.nl | €)*.

68 | 69

> ZWISCHEN NORDSEE UND WATTENMEER

So verschieden sie auch sein mögen, eines haben sie gemein: die feinsten und schönsten Sandstrände Europas

> Die fünf Westfriesischen Inseln haben einen gemeinsamen Charakterzug: lange Sandstrände an der Nordsee und Deiche auf der Wattseite.

Aber natürlich hat auch jede der Inseln ihren eigenen Charakter. Der lässt sich weniger in der Topografie als in der Lebensart ihrer Bewohner ausmachen.

Die Temperaturen sind auf allen Inseln angenehm, die Niederschläge wohldosiert. ★ Inselhüpfen bietet sich an. Die Entfernungen zwischen den Inseln sind nicht groß, allerdings müssen Sie wegen der Tiden ein bisschen Zeit mitbringen, wenn Sie von Texel via Vlieland nach Terschelling oder Ameland mit dem Boot reisen. Ein Drei- und ein Fünf-Insel-Arrangement werden angeboten *(7 Tage ab 430 Euro, inkl. Übernachtung mit Frühstück und Transfers).* Internetinformationen für alle Inseln: *www.vvv-wadden.nl*

Bild: Dünen bei Schiermonnikoog

WESTFRIESISCHE INSELN

AMELAND

[117 D–E1] **Die Insel Ameland eignet sich mit ihren zahlreichen, gut ausgebauten Radwegen (in regelmäßigen Abständen hängen *Fietspompen*, Fahrradpumpen, am Weg) besonders gut zum Radeln.**

Obwohl die Insel – der größte Teil des fast 60 km² großen Eilandes ist Naturschutzgebiet – nur etwa 3200 ständige Bewohner zählt, bietet sie ihren Gästen weit mehr als ähnlich große Gemeinden auf dem Festland. Bis zu 24 000 Feriengäste – vor allem auf Campingplätzen, in Gruppenunterkünften und Feriendörfern – finden Platz. Auf sie und die Tagesbesucher sind Infrastruktur, Gastronomie und Geschäftswelt ausgerichtet. Zwar wurden mit vereinzelten Badehotels einige große Bausünden begangen, aber inzwischen sind die Bauauflagen zu Gunsten kleinerer Häuser verändert worden.

AMELAND

In den Dörfern Amelands ist mehr historische Substanz erhalten als auf den anderen großen Inseln. Weitgehend von Kriegen verschont geblieben und reich geworden durch den Walfang, erlebte Ameland im 17. Jh. seine wirtschaftliche Blütezeit. Seit 1801 gehört die Insel zur Provinz Friesland, bis 1883 war sie mit dem Festland durch einen Deich verbunden. Heute erreicht man mit der Fähre in einer Dreiviertelstunde den „Wattendiamanten", wie sich Ameland nennt.

Vier Dörfer zählt die Insel: Hollum, Buren, Nes und Ballum. Hauptort ist *Nes,* hier legt auch die Fähre aus Holwerd an. Die vielen Restaurants, Hotels und Geschäfte verleihen dem Dorf einen kleinstädtischen Charakter. Alte Kapitänshäuser wurden restauriert, Tante-Emma-Läden verwandelten sich in Boutiquen. Überragt wird der Ort vom Turm der *Hervormende Kerk* (1664), der als Seezeichen diente. Um die Kirche herum gruppieren sich die winzigen Häuser. Ein aus dem Jahr 1625 stammendes Gebäude steht im *Rixt van Doniaweg 8.*

Ballum auf Ameland: alte Häuser mit Puppenstubencharme

Während das Bauerndorf Buren wenig Charme hat, scheint in ★ *Ballum* die Uhr im 19. Jh. stehen geblieben zu sein. Man findet herrliche alte Höfe, und auch die *Hervormende Kerk* an der Dorfallee ist einen Besuch wert.

Der schönste und größte Inselort ist *Hollum.* An den mit Ziegelsteinen ausgelegten Straßen stehen Kapitänshäuser und Bauernhöfe, in der *Johan*

> www.marcopolo.de/niederlande-kueste

ESTFRIESISCHE INSELN

Bakkerstraat Nr. 6 findet man das **Insider Tipp** *älteste Haus der Insel* – es stammt aus dem Jahr 1516. Wo Ooster- und Burenlaan, die zwei ursprünglichen Dorfstraßen, aufeinandertreffen, steht die *Hervormende Kerk* mit ihrem wuchtigen Kirchturm. Auf dem *Friedhof* ist der Grabstein von Hidde Dirks Kat zu sehen, dem landesweit bekannten Kommandeur der Walfischfänger. Der Ameländer, dessen Schiff im Winter 1777–78 im Eismeer strandete, konnte sich retten. Nach anderthalb Jahren Irrfahrt kehrte er auf seine Insel zurück.

■ SEHENSWERTES ■

LEUCHTTURM ☀

Wer die 235 Stufen bis zur 58 m hohen Plattform des weithin sichtbaren Leuchtturms (erbaut 1880) bei Hollum erreicht hat, wird mit einer herrlichen Weitsicht belohnt. *Jan./Feb. tgl. 13–17, Fr/Sa auch 19–21 Uhr; März–Okt. So/Mo 13–17, Di–Sa 10–17, Mi–Sa auch 19–21 Uhr; Nov./Dez. Mi, Sa/So 13–17 Uhr | Eintritt 3,50 Euro*

SORGDRAGER MUSEUM

Das Museum besteht aus einem Bauernhaus und zwei Kommandeurswohnungen. Hier erfährt man etwas über die Inselgeschichte und über den Inselalltag. *Mo–Fr 10–12, 13–17, Sa/So 13.30–17 Uhr | Eintritt 3 Euro | Auskunft über Führungen Tel. 05 19/54 27 37 | Herenweg 1 | Hollum*

■ ESSEN & TRINKEN ■

Die Cafés und Restaurants konzentrieren sich in Hollum und Nes, die größeren Hotels verfügen alle über eigene Restaurants. Die Inselküche zeichnet sich durch Deftigkeit aus. Da es seit mehr als 100 Jahren keine Fischer mehr auf Ameland gibt, wird der Fisch vom Festland hierhertransportiert.

VAN HEECKEREN

Populär und im Trend, große Auswahl an Fleisch- und Fischgerichten, mit Terrasse. *Tgl. | Kerkplein 6 | Nes | Tel. 05 19/54 29 11 | €€*

HERBERG DE ZWAAN

Urig und gemütlich eingerichtete Herberge. Köstlich sind die gebackenen Muscheln. Spezialität des Hauses: Lammschmorbraten. *Tgl. | Zwaneplein 6 | Hollum | Tel. 05 19/55 40 02 | €–€€*

MARCO POLO HIGHLIGHTS

★ **Ballum**
Wie eine Puppenstubenwelt wirkt der schöne Ort auf der Insel Ameland. Hier ist wohl die Zeit stehen geblieben (Seite 72)

★ **Inselhüpfen**
Von Insel zu Insel übers Wattenmeer (Seite 70)

★ **EcoMare**
Meerausstellung und Tierasyl auf Texel (Seite 84)

★ **Strand-Express**
Treckertour über einen der breitesten Sandstrände Europas auf Schiermonnikoog (Seite 78)

AMELAND

DE KLIMOP
Rustikal eingerichtet mit Kamin. Stilvoll geht es am Abend zu, fleischlastige Karte. *Tgl.* | *Joh. Hofkerweg 2* | *Nes* | *Tel. 05 19/54 22 96* | €€

NESCAFÉ
Typisches *eetcafé*, immer gut besucht. Kein Wunder, dass die Bedienung oft im Stress ist. Abwechslungsreiche Tagesgerichte, die Qualität ist sehr unterschiedlich. *Tgl.* | *Van Heeckerenstraat 10* | *Nes* | *Tel. 05 19/ 54 27 60* | €€

ONDER DE VUURTOREN
Das Pfannkuchenhaus beim Leuchtturm ist eine Institution. Sage und schreibe 250 Variationen der Magenfüller werden hier angeboten. Die Pfannkuchen gibt es von „naturell" bis zum Belag mit Fleisch. *Tgl.* | *Oranjeweg 44* | *Hollum* | *Tel. 05 19/ 55 40 69* | €

■ ÜBERNACHTEN

CAMPING DUINOORD
Direkt am Strand beim Ort Nes liegt dieser große Campingplatz, der an Dünen und Wald grenzt. Für Jugendliche gibt es einen getrennten Bereich. *Jan van Eijckweg 4* | *Nes* | *Tel. 05 19/54 20 70* | *Fax 54 21 46* | *www.campingduinoord.eu* | €

NOBEL
Hinter der Bauernhausfassade wurden die Zimmer modernisiert, einfach und freundlich eingerichtet. Das Hotelrestaurant gehört zu den besseren der Insel. Gemütliches Café. *16 Zi.* | *Gerrit Kosterweg 16* | *Ballum* | *Tel. 05 19/55 41 57* | *Fax 55 45 15* | *www.hotelnobel.nl* | €

STAYOKAY AMELAND
Jugendherberge, idyllisch in den Dünen gelegen. *144 Betten* | *Oranjeweg 59* | *Hollum* | *Tel. 05 19/55 53 53* | *Fax 55 44 35* | €

■ FREIZEIT & SPORT

ANGELN
Mit der MS Bruinvis kann man zum Hochseeangeln fahren. *Tel. 06/ 20 44 24 23* | *www.bruinvis.nl*

BADEN
Bei Nes und Buren bewachter Strand. FKK von Paal 4–7, 9–11,5 und ab Paal 17,2 erlaubt. Die Pfähle *(paal)* geben die Abstände von einem Ende der Insel zum anderen in Kilometern an.

FAHRRADFAHREN
Es gibt etwa ein Dutzend Fahrradvermieter.

REITEN
Rijstaal de Blinkert | *v. Camminghastraat 13* | *Ballum* | *Tel. 05 19/ 55 40 59; Rijstal Nella Dorien* | *Oranjeweg 20* | *Hollum* | *Tel. 05 19/ 55 42 45*

ROBBENBANKFAHRTEN
In der Sommersaison fahren mehrmals täglich kindergerecht ausgestattete Schiffe zu den Robbenbanken vor Ameland, darunter z.B. *MS Zeehond* | *Abfahrt am Fährsteg in Nes* | *Tel. 05 19/55 46 00.*

WANDERN
Ein Ausflug per Rad oder zu Fuß führt über markierte Wege durch das Naturschutzgebiet *Het Oerd*. An der Wattseite erhebt sich die höchste

> www.marcopolo.de/niederlande-kueste

ESTFRIESISCHE INSELN

✽ Düne der Insel, von hier hat man einen schönen Blick auf das Wattenmeer und auf das Festland. Regelmäßig werden Führungen durchs Watt angeboten.

■ AUSKUNFT
VVV
Bureweg 2 | Nes | Tel. 05 19/54 65 46 | Fax 54 65 47 | www.vvvameland.nl

SCHIERMONNIKOOG

[117 F1] **Schiermonnikoog ist eine einzige Überraschung. Die Watteninsel, seit 1988 Nationalpark und von den Einwohnern liebevoll *lytje pole* (kleines Eiland) genannt, ist, abgesehen vom öffentlichen Verkehr, autofrei.**

Die moppeligen Heuler von Ameland freuen sich in der Sommersaison auf Besuch

FÄHRE
Holwerd–Ameland | Wagenborg: Tel. 05 19/54 61 11 | www.wpd.nl (Abfahrtszeiten, Reservierung) | Erw. 10 Euro, Pkw ab 66 Euro. Abfahrtszeiten Mo–Fr 7.30, 9.30, 11.30, 13.30, 17.30, 19.30 Uhr; Sa. 9.30, 13.30, 17.30, 19.30 Uhr (Juni–Aug. zusätzliche Fähren); So. 9.30, 13.30, 17.30, 19.30 Uhr (April–Okt. zusätzliche Fähren). Gebührenpflichtige bewachte Parkplätze in Holwerd

Schiermonnikoog – auf Friesisch heißt die Insel „Skiermountseach" – ist die östlichste und kleinste der zur Provinz Friesland gehörenden Inseln. Ihr Name geht auf die grauen („schieren") Zisterziensermönche („monnik") des Klosters Claerkamp bei Dokkum zurück, die die Insel bereits im 12. Jh. besiedelt hatten.

Die Niederländer lieben diese knapp 40 km^2 große Insel, betrachten sie als ihre letzte Oase und wachen

SCHIERMONNIKOOG

eifersüchtig darüber, dass nicht allzu viele Fremde sie entdecken. Nur eine Dreiviertelstunde dauert die Überfahrt, und doch ist es so, als befände man sich danach in einer anderen Welt. Die rund 1000 Einwohner leben im einzigen Ort mit demselben Namen, 1760 erbaut. Der Dorfkern steht unter Denkmalschutz. An die Epoche, als im Dorf Schiermonnikoog viele Walfänger lebten, erinnern die gewaltigen Walfischknochen, die in der Ortsmitte aufgestellt sind. Das Denkmal wurde zu Ehren des Entdeckungsreisenden und Seefahrers Willem Barentszoon errichtet. Die meisten der 300 000 Besucher im Jahr sind Tagesgäste, die Bettenkapazität wurde auf 5500 beschränkt, damit *lytje pole* nicht überlaufen wird.

Ein buntes Disko- und Kulturleben sucht man auf Schiermonnikoog vergeblich: Viel Natur, sauberes Wasser, einsame Sandstrände, freundliche Menschen und Ruhe – das sind die Pluspunkte der Insel. Die Sandbänke vor Schiermonnikoog gelten als Kinderstube junger Seehunde. Die Insel ist ein Ziel für Vogelfreunde – vor allem im Frühjahr. Die Dünen sind hoch und alt, die Landschaft mit ihren Wäldern und Wiesen ist abwechslungsreich, ihre Strände gehören zu den breitesten Europas. Rad- und Wanderwege durchkreuzen das Eiland, auf dem praktisch alles unter Naturschutz steht.

Insider Tipp

SEHENSWERTES

BEZOEKERSCENTRUM

Unterhalb des Wasserturms befindet sich das Besucherzentrum. Hier wird anschaulich über biologische und ökologische Aspekte des Wattenmeeres und des Nationalparks informiert. Wattwanderungen, Fahrradtouren, individuelle und Gruppenexkursionen u.a. durch die Vogelbrutgebiete der Kokbeduinen werden angeboten. *Mo–Sa 10–12 und 13.30–17 Uhr | Eintritt 1 Euro | Torenstreek 20*

BUNKER ☼

Auf einer der höchsten Erhebungen der Insel, der *Poemelsduinen,* befinden sich die Reste eines Westwallbunkers aus dem Zweiten Weltkrieg. Von dem Bunker, von den Einheimischen „Wassermann" genannt, hat man eine herrliche Aussicht.

ESSEN & TRINKEN

DE TJATTEL

Café im gleichnamigen Hotel. *Tgl. | Langestreek 94 | Tel. 05 19/53 11 33 | €–€€*

DUINZICHT

Holländische Behaglichkeit mit Teppichen auf den Tischen. Serviert wird vorwiegend deftige Kost. Probieren Sie den Fischteller. Mit Hotel. *Tgl. | Badweg 17 | Tel. 05 19/53 12 18 | Fax 53 14 25 | www.hotelduinzicht.nl | €*

VISHANDEL

Den besten Fisch auf der Insel bekommt man in dieser Snackbar. Einfach, aber sehr gut. Auch zum Mitnehmen. *Di–So | Noorderstreek 38 | €*

ÜBERNACHTEN

BED & BROCHJE

Zimmer mit Bett und Frühstück bieten mehrere Familien im Dorf an *(ca. 15 Euro pro Person/Nacht). Adressen beim VVV*

> *www.marcopolo.de/niederlande-kueste*

ESTFRIESISCHE INSELN

GRAAF BERNSTORFF
Badehotel im Dorfzentrum, kleine Zimmer mit modernen Bädern. Ein schickes, teures, gut besuchtes Brasserie-Café, Terrasse, Bar und Bibliothek sind angeschlossen. *17 Zi., 29 Apartments | Reeweg 1 | Tel. 05 19/ 53 20 00 | Fax 53 20 50 | www.berns torff.nl | €€*

HERBERG RIJSBERGEN
Untergebracht im früheren Wohnhaus des Grafen Bernstorff am Ortsrand ist die Herberge auch für Gruppen und Familien geeignet. Im Haus kann auch gegessen werden. *17 Zi. | Knuppeldam 2 | Tel. 05 19/53 12 57 | Fax 53 16 80 | www.herbergrijsbergen.nl | €*

SEEDUNE
Schöner, am Waldrand gelegener Campingplatz, einziger auf der Insel. Bis max. 800 Urlauber können hier ihre Zelte aufschlagen. *Mitte Mai–Sept. | Seeduneweg 1 | Tel. 05 19/ 53 13 98 | www.seedune.nl | €*

VAN DER WERFF ▶▶
Beliebtes Ziel für Hollands stadtmüde Künstler und Intellektuelle. Das traditionsreiche Badehotel, früher Poststation, besitzt eine liebenswert verstaubte Atmosphäre. Treffpunkt für Insulaner und Urlauber ist das stimmungsvolle *bruine café*, am Abend oft brechend voll. Guter Imbiss: Genever und Bitterballen. *43 Zi. | Reeweg 2 | Tel. 05 19/53 12 03 | Fax 53 17 48 | www.hotelvanderwerff.nl | €€*

■ FREIZEIT & SPORT

BADEN
Der Strand und das Wasser Schiermonnikoogs zeichnen sich durch besondere Sauberkeit aus. Baden ist überall erlaubt. Der bewachte Teil befindet sich am Ende des Prins-Bernhard-Weges. Zwischen Pfahl *(paal)* 2

Imposantes Tor aus Walfischknochen

und 7 ist Nacktbaden allerdings verboten. Bei Paal 3 kann man Windschutz und Strandstühle mieten. Das Betreten der Sandbänke ist streng untersagt. Einmalig schön ist auch *Het Rif* mit seinen weiten Sandflächen.

76 | 77

TERSCHELLING

STRAND-EXPRESS
Ein Trecker mit Personenanhänger tuckert am Nordseestrand entlang zur Ostspitze Balg. Wer will, kann bei schönem Wetter den kilometerlangen Weg am Strand zu Fuß wieder zum Ort zurückgehen. Karten gibt es beim VVV oder beim Vishandel am Noorderstreek.

SURFEN
Man surft am besten zwischen Paal 3 und 4.

AUSKUNFT

VVV
Reeweg 5 | Schiermonnikoog | Tel. 05 19/53 12 33 | Fax 53 13 25 | www.vvvschiermonnikoog.nl

FÄHRE
Lauwersoog–Schiermonnikoog, Wagenborg: Tel. 05 19/34 90 50 | Mo–Sa 6.30, 9.30, 13.30, 17.30, Fr auch 19.30, So 9.30, 15.30, 17.30 Uhr (Juli/Aug. zusätzliche Fähren) | Fahrpreis pro Person 11 Euro. Überfahrt 50 Min., keine Privatwagen erlaubt, gebührenpflichtiger Parkplatz am Hafen. Am Fähranleger warten Busse und Taxen. Rundfahrten mit dem Schiff Tel. 05 19/53 12 74

TERSCHELLING

[116–117 C–D 1] Es ist immer eine richtige Seereise, die den Urlauber anderthalb Fahrstunden vom Festland nach Terschelling bringt. Von Weitem erkennt man bereits den *Brandaris,* den 54 m hohen Leuchtturm, der schon seit 1594 seine Lichtsignale, die heute rund 40 km weit zu sehen sind, aussendet. Ursprünglich wurde die friesische Insel *Schylge* genannt, was so viel wie „Abgeschiedenheit" bedeutet, und heute noch nennen sich viele Insulaner stolz *Schylger*. Aber abseits der Welt leben sie seit Langem nicht mehr. Historisch betrachtet besteht die zweitgrößte Insel der Niederlande (110 km^2 groß, 5000 Ew.) aus drei Teilen: West, Midsland und Oosterend, die im Laufe der Zeit durch natürliche Sandaufschüttungen und Deichbau zu einem Eiland wurden. Die gesellschaftlichen Unterschiede zeigen

> EBBE UND FLUT
Ein ständiges Kommen und Gehen

Die Gezeiten, Tiden genannt, bestimmen den Lebensrhythmus an der Küste. Die Anziehungskraft des Mondes und die Fliehkraft der Erde sind die Ursache für die Gezeiten. An der Küste der Niederlande ist der Unterschied zwischen Ebbe und Flut, der Tidenhub, aufgrund der relativen Tiefe, aber geringen Ausdehnung der Nordsee nicht sehr groß. Zweimal pro Tag läuft das Wasser ab (Ebbe) und wieder auf (Flut). Die Tiden verlaufen parallel zum Mondaufgang, die Dauer einer Tide *(getij)* beträgt 6 Stunden und 13 Minuten. Auch wenn der Tidenhub an der westfriesischen Küste nicht so stark ist wie an der nordfriesischen, sollte man das Phänomen bei Wanderungen im Wattenmeer nicht unterschätzen. Informationen zu den Gezeiten: *www.getij.nl*

ESTFRIESISCHE INSELN

Die Inseln punkten mit kilometerlangen und sehr breiten, weißen Sandstränden

sich noch in der Dorfkultur in West-Terschelling, in Midsland und in Oosterend: In allen drei Orten spricht man einen anderen Dialekt, singt seine eigenen Lieder und denkt dorfpatriotisch.

Die wohlhabende Insel ist die Heimat des Seefahrers und Entdeckers Willem Barentszoon, der 1555 hier geboren wurde. Er entdeckte 1594 die Westküste von Nowaja Semlja im Eismeer und 1596 Grönland. Nach ihm wurde die Barentssee im Nordpolarmeer benannt.

Die 28 km lange Insel steht zum größten Teil unter Naturschutz: Fast die Hälfte ihrer Landmasse belegt allein das 44 km^2 große Naturreservat *De Boschplaat* im Nordosten, im Westen liegt ==das pflanzenreiche Sandgebiet *Noordwarder*,== das auch unter Naturschutz steht. Auf der Insel wachsen rund 600 wilde Pflanzen, darunter die roten Cranberries, aus denen Likör, Marmelade und Wein hergestellt wird.

Insider Tipp

Der kilometerlange, weiße Sandstrand, der stellenweise 500 m breit ist, zieht heute jährlich über 300 000 Besucher an, die Touristikbranche zählt rund 1,2 Mio. Übernachtungen im Jahr. Vor allem bei der Jugend ist Terschelling beliebt. Mit seinen Bars und Diskotheken ist das Dorf Midsland das touristische Inselzentrum. Hauptort und Fährhafen, der einzige Naturhafen des Landes, ist West-Terschelling, seit dem 13. Jh. bewohnt. Seinen Wohlstand hat das Dorf ebenfalls dem Wal- und Fischfang zu verdanken. An den alten Reichtum erinnern noch die hübschen Kapitänshäuser, die *Commandeurshuizen,* in der Dorfmitte. Am Hafen, in dem zahlreiche seetüchtige Oldtimer wie *Tjalken* und *Kuffen* liegen, stehen gepflegte, alte Hollandhäuser.

■ SEHENSWERTES
DE BOSCHPLAAT
Das Naturschutzgebiet, das sich über ein Drittel der Insel erstreckt, ist

78 | 79

TERSCHELLING

europäisches Naturdenkmal. Es entstand erst durch den Bau zweier Deiche. Natürlicher Wald, Dünen, Wattenmeer. De Boschplaat ist Brutplatz für seltene Vögel. In dem Biotop wachsen elf Orchideenarten. Geführte Exkursionen. *Auskunft beim VVV* oder *Staatsbosbeheer | Longway 28 | Tel. 05 62/44 21 16*

BRANDARIS

Brandaris ist mit einer Höhe von 54 m der älteste Leuchtturm des Landes (1594). Das Inselwahrzeichen kann man nur von außen besichtigen. Der wuchtige Turm gehört heute zu den modernsten Verkehrszentralen der Küstenüberwachung.

STRYPER TOTENACKER

Die Grabsteine auf den Gräbern der Walfänger und Seefahrer sind alt, krumm und verwittert. Der älteste stammt aus dem Jahr 1594. Bereits um 900 n. Chr. soll an dieser Stelle eine Kapelle gestanden haben. *Midsland*

'T BEHOUDEN HUYS

Inselmuseum in zwei nebeneinanderstehenden Kapitänshäusern von 1668. Man bekommt Einblick ins Seenotrettungswesen, die Inselgeschichte und erfährt viel über den Seefahrer Willem Barentszoon. *April–Okt. Mo–Fr 10–17, Sa 13–17 Uhr, Mitte Juni–Sept. auch So 13–17 Uhr | Eintritt 2,70 Euro | Commandeurstraat 32 | West-Terschelling | www.behouden-huys.nl*

■ ESSEN & TRINKEN ■

D'DRIE GRAPEN

Bauernhof mit nostalgischem Interieur und Kamin. Traditionell holländische Karte. *Tgl. | Dez.–März Mi–So | Dorreveldweg 3 | Midsland | Tel. 05 62/44 89 75 | €€*

STRANDPAVILJOEN DE WALVIS

Einen wunderschönen Standort mit Aussicht aufs Watt und die ankommenden Schiffe hat sich dieser Strandpavillon gesichert. Wenn es kalt ist, ist die Braune Bohnensuppe zu empfehlen. *Tgl. | Willem Barentszkade 1 | West-Terschelling | Tel. 05 62/44 20 71 | €*

>LOW BUDGET

> Wer das Oerol-Festival auf Terschelling besuchen will, aber dafür nicht allzu viel Geld übrig hat, kann sich ein *„Oerol op de Bonnefooi"-Ticket* zulegen. Für 39,50 Euro bekommt man eine Hin- und Rückfahrt auf der Fähre oder Schnellfähre ab Harlingen, ein Tagesticket für das Festivalterrain sowie ein Gutscheinbuch für verschiedene Aufführungen auf der Insel. Zu kaufen bei *Rederij Doeksen in Harlingen, Tel. 05 62/44 20 02.*

> Bei der Stayokay-Jugendherberge auf Ameland kann man ein günstiges *Seehund-Arrangement* buchen: 2 Übernachtungen inklusive Abendessen, 3 Tage Fahrradmiete, 2 Lunchpakete, 1 Robbenbootfahrt sowie Eintritt zum Leuchtturm bekommt man ab insgesamt 105 Euro. *Oranjeweg 59, Tel. 05 19/55 53 53.*

> Auf der Website *www.vvvwadden. nl* sind für alle Inseln regelmäßig preiswerte Last-Minute-Angebote zu finden.

ESTFRIESISCHE INSELN

ZEEZICHT
Café-Restaurant am Fährhafen, Aussichtsterrasse, Kuchen und Fischgerichte. *Di–So* | *Willem Barentszkade 20* | *West-Terschelling* | *Tel. 05 62/44 22 68* | €–€€

EINKAUFEN
CRANBERRY-CULTUUR SKYLGE
Hier kann man wohlschmeckende Souvenirs erwerben: Likör, Marmelade und Wein. *Formerum 51a* | *www.terschellingercranberry.nl*

ÜBERNACHTEN
CAMPINGPLÄTZE
Appelhof, bei Jugendlichen populär, man kann auch Zelte mieten *(Zuid Nr. 12a* | *Formerum* | *Tel. 05 62/44 86 99* | *www.campingappelhof.nl* | €). *Cupido,* Familienplatz mit großen Freiflächen zum Spielen *(Hee 8* | *Hee* | *Tel. 05 62/44 22 19* | *www.campingcupido.nl* | €), *Terpstra,* für Jugendliche und Gruppen am Dorfrand von Midsland. Mit Kantine *(Oosterburen 79* | *Midsland* | *Tel. 05 62/44 90 91* | *www.campingterpstra.nl* | €).

NAP
Traditionsreiches Haus. Hinter seinen weißen Mauern verbergen sich zweckmäßig eingerichtete Zimmer. Eigenes Restaurant. 32 Zi. | *Torenstraat 55* | *West-Terschelling* | *Tel. 05 62/44 32 10* | *Fax 44 33 15* | *www.hotelnap.nl* | €€

SCHYLGE
Komfortferienanlage am Wattenmeer mit Restaurant, Café, Terrasse. Helle und geräumige 98 Zimmer. *Van Heusdenweg 37* | *West-Terschelling* | *Tel. 05 62/44 21 11* | *Fax 44 28 00* | *www.westcordhotels.nl* | €€–€€€

Ältester Leuchtturm des Landes: *Brandaris* in West-Terschelling

TERSCHELLING

TJERMELAN
Auf Familien eingestellter Bungalowpark. *79 Bungalows, 16 Apartments | Oosterend 2 | Hee | Tel. 05 62/44 89 81 | www.terschelling-recreatie.nl | €*

DE WALVISVAARDER
Umgebauter Bauernhof, stilvoll eingerichtet. *70 Zi. | Lies 23 | Lies | Tel. 05 62/44 90 00 | Fax 44 86 77 | www.walvisvaarder.nl | €€*

FREIZEIT & SPORT

ANGELN
Angelfahrten auf hoher See, die meist am frühen Morgen beginnen *(Auskunft beim VVV)*; Strandangeln ist bei Paal 19 möglich.

BADESTRÄNDE
Bewachte Badestrände findet man zwischen Paal 8 und 12. Die Pfähle *(paal)*, insgesamt 28 Stück, geben die Abstände von einem Ende der Insel zum anderen in Kilometern an.

REITEN
Reitställe befinden sich z. B. in Hoorn, *Manege De Barrage* und *Terpstra*; in Formerum, *Pony-Centrum* sowie in Landerum *Familie Lok (Informationen beim VVV).*

SURFEN
Bei ▶▶ West-aan-Zee (Paal 9–10) treffen sich geübte Surfer, an der Wattenmeerküste bei Lies und am Yachthafen Dellewal von West-Terschelling.

WANDERUNGEN
Die Forstverwaltung der Insel hat 6 Wanderungen, die etwa 5–6 km lang sind, ausgearbeitet und in Faltblättern beschrieben. *Auskunft beim VVV*

YACHTHAFEN
Idyllisch am Dellewal. Während der Hochsaison sind sechs nebeneinanderliegende Boote keine Seltenheit. *Tel. 05 62/44 33 37*

Neben dem Fremdenverkehr ist die Schafzucht auf Texel ein wichtiger Wirtschaftszweig

ESTFRIESISCHE INSELN

■ AM ABEND

BRASKOER
Diskothek und Pub unter einem Dach. *Torenstraat 32 | West-Terschelling*

KROEG DE STOEP
Bar, ideal für Nachtschwärmer. *Oosterburen 5 | Midsland*

ONDER DE PANNEN
Typisch niederländische Kneipe. Manchmal gibt der Wirt persönlich Schmachtfetzen von Tom Jones zum Besten. *Heerenweg 22 | Midsland*

'T SPYNTJE
Café und Bar. *Oosterburen 12 | Midsland*

WYB
Beliebte Disko, wo sich Einheimische und Touristen treffen. *Oosterburen 11 | Midsland*

■ AUSKUNFT

VVV
Willem Barentszkade 19a | West-Terschelling | Tel. 05 62/44 30 00 | Fax 44 28 75 | www.vvv-terschelling.nl

FÄHRE
Harlingen–Terschelling: Pro Person kostet die Überfahrt 22 Euro. Autos: 45 Euro. Pkw-Reservierung erforderlich. Tel. 09 00/363 57 36

TEXEL

[116 A–B3] Die Überfahrt mit dem Fährboot auf die Insel dauert nur 20 Minuten. Die größte der Westfriesischen Inseln, die zur Provinz Nordholland gehört, ist 25 km lang und rund 9 km breit. Auf Texel ist das gesamte Jahr über Saison. Texel lockt mit seiner Vielfalt an Landschaften: Wälder, Dünen, Weiden und viel Ackerfläche. Obwohl der Fremdenverkehr wichtig ist, sie ist die meistbesuchte Insel, ist auch die Landwirtschaft (Schafzucht, Blumen) bedeutend.

Texel steckt voller Besonderheiten. Anders als auf den anderen Inseln liegt der Hauptort, Den Burg, nicht am Wasser, sondern in der Mitte der Insel. Hübscher als Den Burg sind allerdings die vier Dörfer Den Hoorn, De Waal, Oudeschild und Oosterend. Die reetgedeckten, denkmalgeschützten *Gülfhäuser,* pyramidenförmige Schafställe, sind charakteristisch für Texel.

Während des Goldenen Zeitalters diente die Insel als Zwischenstation für die Segler von und nach Asien. Im Watt warten noch Hunderte von Wracks mit wertvoller Ladung auf ihre Bergung. Rund 400 alte Schiffe, die als kulturelles Erbe der Niederlande gelten, hat man vor der Küste lokalisiert.

Texel (13 000 Ew.) hat sich auf die Urlauber eingestellt. Es gibt mehrere Camping- und Bungalow-Großprojekte, darunter De Krim, Dennenoord, 't Stapeland, Californië, Sluftervallei, aber auch Pensionen und Hotels.

Typisch für diese, nicht aber für die anderen Inseln: Im Frühjahr blühen Tulpen, Narzissen, Krokusse und Hyazinthen. Naturfreunde zieht es in die Naturschutzgebiete *De Slufter* und *De Muy.* Verlockend ist es auch, auf den 120 km Radwegen kreuz und quer durch die Landschaft zu radeln. Größte Attraktion bleiben

TEXEL

jedoch die Sandstrände, die sich über 25 km an der Nordseeküste entlangziehen. Bei Paal 28 und 9 ist FKK gestattet. Surfer bevorzugen die ▶▶ Zone beim Leuchtturm als Revier.

Insider Tipp

■ SEHENSWERTES
ECOMARE ★
Naturhistorisches Museum mit Seehundstation. Besucherhit: die Fütterung *(Fütterungszeiten 11 und 15 Uhr)*. Entwicklungsgeschichte der Insel und die Bedrohung durch den Tourismus sind Ausstellungsthemen. Zu sehen sind außerdem das Modell eines Wals, Dünenpark und Vogelpflegestelle. EcoMare organisiert Wanderungen im Wattenmeer, in den Dünen und durch Vogelgebiete. *Tgl. 9–17 Uhr | Eintritt 8,50 Euro | Ruyslaan 92 | De Koog*

Robbenauffangstation EcoMare

JUTTERSMUSEUM FLORA
Ein weiteres Kuriosum auf Texel: Im ersten Strandräubermuseum der Welt erzählen hier echte Strandräuber über ihre Funde. *Mo–Sa 10–17 Uhr | Eintritt 3,50 Euro | Pontweg 141 | De Koog*

■ ESSEN & TRINKEN
Man kann aus rund 100 Adressen von Restaurants und Imbissstuben wählen. Spezialitäten sind die teuren Fisch- und Lammgerichte. In den Imbissen bekommt man Snacks wie gebackenen Fisch und Muscheln.

HAVENZICHT
Insider Tipp

Traditionsreiches Restaurant mit Sicht auf den Hafen, Fischgerichte. *Tgl. | Haven 6 | Oudeschild | Tel. 02 22/31 26 02 |* €€

KLIF 12
Theaterlokal, in dem es vor allem im Sommer hoch hergeht. Das Essen ist eher Nebensache. Schräg gegenüber liegt das nette *Klif 23,* dort sind die vegetarischen Pfannkuchen empfehlenswert. *Tgl. | Klif 12 | Den Hoorn | Tel. 02 22/31 96 33 und Klif 23 | Den Hoorn | Tel. 02 22/31 95 15 |* €€

LA MORENA 🎵
Spareribs und Texeler Lammgerichte. *Tgl. | Kikkertstraat 31 | De Cocksdorp | Tel. 02 22/31 64 64 | www.lamorena.nl |* €€€

'T PAKHUUS
Historisches Speicherhaus am Hafen mit einfacher Einrichtung. Besonders schön sitzt man in der 2. Etage. *Tgl. | Haven 8 | Oudeschild | Tel. 02 22/31 35 81 |* €€€

ESTFRIESISCHE INSELN

EINKAUFEN

ALBERT BLOM
Snackbar und Fischladen, gute Auswahl an frischem Fisch für Selbstversorger. *Dorpsstraat 109 | De Koog*

GOËNGA
Spezialitäten vom Texeler Lamm bekommt man in dieser Metzgerei, die zu einem Supermarkt gehört. *De Naal 1 | Den Hoorn*

ÜBERNACHTEN

MOLENBOS
Moderne Hotelanlage im Grünen. *33 Zi. | Postweg 224–226 | De Cocksdorp | Tel. 02 22/31 64 76 | Fax 31 63 77 | www.molenbos.nl | €€€*

OP DIEK
Nettes Ambiente unterm Reetdach, inmitten von Weiden gelegen. *19 Zi. (mit und ohne Bad) | Diek 10 | Den Hoorn | Tel. 02 22/31 92 62 | Fax 31 94 89 | www.opdiek.nl | €*

PELIKAAN 🔊
Ruhig gelegenes Kurhotel, moderne 29 Zimmer und Apartments. *Pelikaanweg 18 | De Koog | Tel. 02 22/ 31 72 02 | Fax 31 76 87 | www.de pelikaan.nl | €€*

DE WEAL
Familienhotel mit schöner Atmosphäre und herzhafter Küche. Wintergarten. *20 Zi. | Hogereind 28 | De Weal | Tel. 02 22/31 32 82 | www.hotel deweal.nl | €*

FREIZEIT & SPORT

Sportfischer können ohne Angelschein angeln, man kann einen Segelfliegerkurs besuchen, Tennis- und

Frischere Krabben gibt's nicht

Squashplätze gibt's zur Genüge, und es bieten sich Schiffsausflüge an *(Auskunft beim VVV)*.

BESICHTIGUNG DER SEEHUNDBÄNKE
Ausflug nach Vlieland und Wattfahrten zu den Seehundbänken mit *De Vriendschap* zwischen Mai und September. Info: *Pavillon Vliezicht | Tel. 02 22/31 64 51*

GARNELENFANG
Die Garnelenkutter TX 27 und TX 10 stechen tgl. außer So vom Hafen Oudeschild in See. *Haven 10 (Souvenirgeschäft) | Tel. 02 22/31 36 39 und 31 38 06*

HISTORISCHE SEGELFAHRT
Der *Grote Jager* lädt ein zu einem beschaulichen Segeltörn. *Tel. 02 23/ 61 27 18*

84 | 85

VLIELAND

RONDJE TEXEL
Alljährlich Mitte Juni findet auf der Insel ein großes Katamaran-Wettsegeln mit internationalen Teilnehmern statt, dann geht es übers Wasser „rund um Texel"!

TEXEL AUS DER VOGELPERSPEKTIVE
Ein Abenteuer in der Luft mit tollem Blick über die Inselwelt und das Meer. Flugzeit zwischen 15 und 60 Min. *Tessel Air | Flughafen | Tel. 02 22/31 14 64*

AM ABEND
Auf der Insel schließen alle Kneipen und Diskotheken um 1 Uhr, danach darf niemand mehr eingelassen werden. Die Musik wird um 2 Uhr leiser, um 3 Uhr müssen sich die letzten Gäste auf den Weg machen.

DE KOOG
In der Touristenhochburg von Texel werden die Bürgersteige abends nicht ganz so schnell hochgeklappt wie andernorts auf der Insel. Entlang der (nicht gerade ansehnlichen) Dorpsstraat reiht sich Kneipe an Kneipe und Bar an Bar. Zum Beispiel: *Dancing Sam-Sam | Dorpsstraat 146 | De Metro | Dorpsstraat 5 | Onder de Pomp | Dorpsstraat 23 | Café Cheers | Dorpsstraat 75*

DEN BURG
Am Hauptplatz des Dorfes ist am Abend immer etwas los. Etwa verschiedene Veranstaltungen im großen Saal des Hotels *Lindenboom*. Sehr beliebt bei Jugendlichen ist die Disko *Question Plaza*. Holländische Seemannslieder kann man authentisch im *Café Karseboom* hören.

AUSKUNFT

VVV
Emmalaan 66 | Den Burg | Tel. 02 22/31 47 41 | Fax 31 00 54 (Reservierung) | www.texel.net

FÄHREN
Teso | Tel. 02 22/36 96 00 | Personen ab 12 Jahren 3 | Pkw 12,50 Euro. Abfahrt: Den Helder stündlich von 8.30–21.30 Uhr | keine Reservierung | www.teso.nl

VLIELAND

[116 B–C2] **Die Inseln zwischen Wattenmeer und Nordsee bewegen sich mit dem Wind und den Wellen langsam, aber stetig in Richtung Festland.** Es ist noch nicht lange her, da gab es auf Vlieland zwei Dörfer, West- und Oost-Vlieland. Heute existiert nur noch Oost-Vlieland: West-Vlieland versank zwischen 1717 und 1727 durch Sturmfluten im Meer. Der Rest der Insel, 20 km lang und nur bis zu 2 km breit, besteht aus Dünen, Wiesen, Wald und einem 12 km langen, herrlichen Sandstand.

Im 16. und 17. Jh. blühte der Handel mit den Hansestädten in der Ostsee, die Insulaner beteiligten sich an Entdeckungsreisen nach Australien und ins Eismeer. Wohlhabend wurde die Insel im 19. Jh. vor allem durch den Walfang. Von Vlieland stammten rund 70 Kommandeure, Kapitäne, die auf Walfang gingen. Einige ihrer herrlichen *Commandeurshuizen* sind in Oost-Vlieland noch zu sehen. Heute leben die etwa 1150 Einwohner im einzigen Dorf, Oost-Vlieland. Seit den 1950er-Jahren ist der Tourismus der wichtigste Erwerbszweig.

> www.marcopolo.de/niederlande-kueste

ESTFRIESISCHE INSELN

Die fast autofreie Insel (Besucher dürfen ihre Autos nicht mitbringen) wird vor allem von Niederländern besucht. Die meisten Gäste mieten sich auf den beiden Campingplätzen (3500 Stellplätze) ein. Wie überall auf den Inseln ist das Fahrrad das zweckmäßigste Verkehrsmittel.

An den Stränden ist in bestimmten Abschnitten FKK gestattet. Wegen der ungünstigen Wind- und Strömungsverhältnisse ist die Insel kein Ziel für Surfer, dafür ist sie aber bei Reitern beliebt. Ein ==26 km langer Rundweg== führt um die Insel – ein schöner Ausflug mit dem Rad. Oost-Vlieland besteht vor allem aus zwei Straßen, von denen die mit alten Bäumen begrünte, holprige Dorpsstraat mit ihren gepflegten historischen Häusern an die gute alte Zeit erinnert. Hier konzentrieren sich die Cafés, Restaurants und Geschäfte. Seit 1971 steht das Dorf unter Denkmalschutz.

SEHENSWERTES

CRANBERRYVLAKTE

Angeblich wurde im Jahr 1840 auf Terschelling ein Fass voller Cranberrys angespült. Die fremden Beeren pflanzten sich schnell fort und gelangten dank der Seevögel auch nach Vlieland. Auf der 48 Hektar großen „Cranberryebene" westlich vom Leuchtturm ist man rundum von den Beerensträuchern umgeben.

LEUCHTTURM

Auf einer 40 m hohen Düne wurde 1910 der nur 18 m hohe Leuchtturm errichtet, dessen Leuchtsignale aber noch in 40 km Entfernung zu sehen sind. Die Aussicht über Insel und

Natur pur: Vlieland ist nahezu autofrei und bei Radlern und Reitern beliebt

86 | 87

VLIELAND

See lohnt die 218 Stufen. *Juli, Aug. Mo–Sa 10.30–12, 15–17, Sept.–Juni Mo–Sa 15–17 Uhr | Eintritt 1,50 Euro*

DE NOORDWESTER

Besucherzentrum, das alle Informationen über das Eiland bereithält. Es ist zudem Treffpunkt für Vogel-, Watt- und Dünenexkursionen. *Dorpsstraat 150 | Tel. 05 62/45 17 00 | www.denoordwester.nl*

TROMP'S HUYS

Historisches Inselmuseum im ältesten Haus (von 1575) Vlielands, in dem die Ranghöchsten der Vereinigten Ostindischen Kompanie ihren Sitz hatten. Das Gebäude ist nach Cornelis Tromp benannt, einem berühmten holländischen Admiral, der sich vor langer Zeit einmal hier aufhielt. *Okt.–April Di–Sa 14–17, Mai–Sept. Di–Fr 11–17, Sa 14–17 Uhr | Eintritt 2,75 Euro | Dorpsstraat 99*

VLIEHORS

Das weite, vegetationsarme Sandgebiet wird scherzhaft auch „Sahara" genannt. Zwischen Oost-Vlieland und Vliehors erstreckt sich ein Wald. Bei Vliehors liegt die Kaserne: Vliehors wird leider als militärisches Übungsgebiet genutzt. Im Sommer üben auch Soldaten auf dem prächtigen Sandgelände. Am Wochenende aber ist alles still, und auf den Sandbänken vor der Küste des Naturschutzgebietes sonnen sich die Seehunde.

Eine reizvolle, ungefähr 8 km lange **Wanderung** *(Insider Tipp)* ist die zwischen dem Dorf und dem alten *Posthuys,* Poststation für die Postreiter, die von 1677 bis 1927 die „Zeebrieve" von Amsterdam via Texel nach Vlieland brachten.

ESSEN & TRINKEN

HET ARMHUIS

Restaurant und Café, untergebracht in einem uralten Pfarrhaus, das 1678 zum Seefahrerheim umfunktioniert wurde. Gegessen wird im früheren Speisesaal am offenen Kamin. *Tgl. | Kerkplein 6 | Tel. 05 62/45 19 35 | www.armhuis.com | €€€*

POSTHUYS

Das alte Posthaus ist beliebtes Ausflugsziel, Restaurant und Café mit Terrasse. Die Spezialität ist Gebäck mit köstlicher Heidelbeermarmelade. *Tgl. | Postweg 4 | Tel. 05 62/45 12 82 | €*

STRANDPAVILLON BADHUYS

Im einzigen Strandpavillon auf Vlieland gibt es Pizza, Burritos und Ähnliches. Keine kulinarischen Höhensprünge also, aber dafür eine einzigartige Aussicht über die Nordsee von der hölzernen Terrasse. *Tgl. | Badweg 3 (bei Pfahl 50/51) | Tel. 05 62/45 19 92 | €*

VISRESTAURANT DE WADDEN

Im Restaurant vom (ebenfalls empfehlenswerten) *Hotel De Wadden* wird Fisch in allen Varianten serviert. *Di–So | Dorpsstaat 61 | Tel. 05 62/45 26 26 | €€*

ÜBERNACHTEN

BADHOTEL BRUIN *(Insider Tipp)*

Das ehemals typische Inselhotel ist im modernen Loungestil renoviert worden und ist jetzt das angesagteste Haus am Platz. *31 Zi., 6 Apartments | Dorpsstraat 88 | Tel. 05 62/45 28 28 | Fax 45 28 29 | www.badhotelbruin.nl | €€*

> *www.marcopolo.de/niederlande-kueste*

ESTFRIESISCHE INSELN

CAMPING STORTEMELK
Hübsch zwischen Dünen gelegen. Von hier hat man es nicht weit zur Nordsee. *April–Sept. | Tel. 05 62/45 12 25 | www.stortemelk.nl | €*

DE HERBERGH VAN FLIELANT
Das kleinste Hotel besitzt acht moderne Zimmer zur Straße, einen Garten sowie ein gemütliches Restaurant mit guter Fischküche. *Dorpsstraat 105 | Tel. 05 62/45 14 00 | Fax 45 33 54 | www.deherberghvanflielant.nl | €€*

SEEDUYN
Komforthotel am Strand, große Zimmer, Schwimmbad und Restaurant. *93 Zi. | Badweg 3 | Tel. 05 62/45 15 60 | Fax 45 11 15 | www.goldentulipresortseeduyn.nl | €€€*

FREIZEIT & SPORT

TEXELFAHRTEN MIT „DE VRIENDSCHAP"
Insider Tipp

Die Fahrt nach Texel mit dem umgebauten Motorfrachtboot *De Vriendschap* (1927) ist spannend. Wegen der zahlreichen Sandbänke kreuzt der Kapitän im Zickzackkurs durch das Wasser, während der Matrose Kaffee und Texeler *Juttertjes,* einen Kräuterschnaps, serviert. Mit Glück sieht man Seehunde *(April–Sept. Auskunft im VVV).*

VLIEHORS-EXPRESS
Im Sommer geht es vom *Posthuys* im Geländewagen zum Boot in Richtung Texel. *Info-Tel. 05 62/45 19 71*

YACHTHAFEN
Richtig hübscher Hafen für echte Segler. Vor dem Hafen kräftige Strömung. *Tel. 05 62/45 17 29*

AUSKUNFT

VVV
Havenweg 10 | Vlieland | Tel. 05 62/45 11 11 | Fax 45 13 61 | www.vlieland.net

Beliebtes Ausflugsziel: das *Posthuys*

FÄHRE
Es werden keine Pkw mitgenommen. *Harlingen–Vlieland: tgl. 9, 14.15, 19 Uhr | Fahrpreis 20 Euro | Parkplatz in Harlingen. Rederij Doeksen: Tel. 05 62/44 20 02. Überfahrt: ca. 1,5 Std.*

> ALTE STÄDTE UND HÄFEN

Entspannt durch historische Orte reisen und das Porzellanstädtchen Delft besuchen

Die Touren sind auf dem hinteren Umschlag und im Reiseatlas grün markiert

1 DURCH STADT UND LAND AM IJSSELMEER

Die abwechslungsreiche Rundfahrt führt von Enkhuizen über den Abschlussdeich nach Friesland. Von dort geht's zur Kunstlandschaft Flevoland, dann zurück nach Enkhuizen. Rund 260 km, Dauer: ein bis zwei Tage

Bei dieser Tagestour besuchen Sie die niederländischen Regionen Friesland, Westfriesland sowie Flevoland mit ihren typischen Landschaftsbildern und den geschichtsträchtigen Orten Enkhuizen und Blokzijl.

Enkhuizen *(S. 57),* wo die Rundfahrt beginnt, kann auf eine ruhmreiche Vergangenheit zurückblicken. Im Zentrum sind noch viele malerische Gebäude aus dem Goldenen Zeitalter zu sehen. Im 17. und 18. Jh. besaß Enkhuizen die großen Werften, auf denen die *Fleuten,* die dickbauchigen Segler der Ostindischen und West-

Bild: Kanal in Giethoorn, Flevoland

AUSFLÜGE & TOUREN

indischen Kompanie, gebaut wurden. Das schöne Rathaus, 1686 bis 1688 aus Sandstein errichtet, ist noch erhalten. Neben dem prächtigen Bürgersaal ist auch das Bürgermeisterzimmer aus dem 17. Jh. zu besichtigen.

Die Fahrt führt weiter über **Andijk** und von dort am Deich entlang nach **Medemblik** *(S. 59)*. Über die N 240 erreicht man bald **Den Oever**, wo der 30 km lange Abschlussdeich *(afsluitdijk)* beginnt, der die Provinzen Nordholland und Friesland verbindet. Auf der 32 m breiten Deichkrone führt die Autobahn hinüber nach **Zurich** in Friesland. Nach 6,5 km erreicht man einen ✹ Parkplatz mit Aussichtsturm, von dem aus man einen wundervollen Blick über das IJsselmeer und das Wattenmeer hat.

Die stürmische Nordseebucht trockenzulegen war schon immer ein Traum der Holländer. Pläne hierfür gab es bereits im Jahre 1667. Von

1927 bis 1932 dauerte der Bau des Dammes zwischen Nordholland und Friesland. Aus der salzigen Zuiderzee, der „Südsee", wurde das süßwasserhaltige IJsselmeer. Für die Nordseefischer war der Bau freilich eine Tragödie, denn viele verloren dadurch ihre Arbeit.

Hat man die 30 km hinter sich gebracht, biegt man von der A 7 nach Makkum ab. Die ehemalige Handelsstadt ist heute bei Wassersportlern beliebt. Sie ist auch für ihre Fayencen bekannt (S. 69).

Weiter geht es dann auf der N 359 nach Lemmer. Ein Restaurant für Fischliebhaber ist das *De Connoisseur (tgl. | Vuurtorenweg 15 | Tel. 05 14/ 56 55 59 | €€–€€€)*. Wer mag, kann in Lemmer auch übernachten, zum Beispiel im gemütlichen Hotel *Lemster Veerschip (6 Zi. | Polderdijk 2–3 | Tel. 0514/56 33 76 | Fax 56 46 56 | www.lemster-veerschip.com | €)*. Hinter Lemmer führt die Fahrt weiter über die A 6 bis Ausfahrt Nr. 15, dann weiter auf der N 331 und N 333 über Marknesse bis nach Blokzijl.

Die kleine Stadt (1200 Ew.), deren Markenzeichen die engen Gassen und die Giebelhäuser rund um den Hafen sind, war während des 80-jährigen Krieges gegen Spanien Piratennest. In Blokzijl legen heute jährlich rund 20 000 Boote an. Von hier lohnt sich ein weiterer Abstecher: Die sogenannten Wasserdörfer Kalenberg, Muggenbeet und Giethoorn sind besonders schön inmitten von „Meeren" gelegen.

Über Schokland (S. 66), eine ehemalige Insel, heute ein einziges Museum, erreicht man schließlich Lelystad. Auf der Werft werden historische Segelschiffe nachgebaut. Das seeklare Replikat des Dreimasters Batavia (S. 66) dümpelt bereits im Wasser.

Eine halbe Stunde dauert die Fahrt rund um das IJsselmeer von der Kunstlandschaft Flevoland bis zurück ins historische Enkhuizen – oder vier Jahrhunderte, je nachdem, ob man die Tour zeitlich oder historisch betrachten will.

2 ZU DEN STÄDTEN DES GOLDENEN ZEITALTERS

Die geruhsame Tour führt Sie von der Hafenstadt Dordrecht zu den schönen Windmühlen von Kinderdijk bis ins hübsche Porzellanstädtchen Delft. Länge: ca. 70 km, Dauer: Tagesausflug

Die Promenaden am Wasser, der alte *Voorstraat-* und der *Wijnhaven*, die malerischen Grachten und engen Gassen machen den Charme von Dordrecht aus, dessen Giebel vom 70 m hohen Turm der Grote oder Onze Lieve Vrouwekerk mit dem barocken Aufsatz überragt werden. Während der St.-Elisabeth-Flut im Jahr 1421 wurde die Stadt (110 000 Ew.) vom Festland abgeschnitten. Seitdem liegt sie auf einer Insel. Gleich drei Flüsse, die Oude Maas, der Rheinarm Noord und die Merwede, fließen hier vorbei. Am Zusammenfluss der Ströme, am Groothoofdspoort, dem barocken Hafentor, hat man eine herrliche Aussicht: Hier kommen alle Binnenschiffe von und nach Rotterdam vorbei.

Dordrecht zählt mehr als 800 unter Denkmalschutz stehende Gebäude und gehört zu den ältesten Städten der Grafschaft Holland. Sie wurde bereits im Jahre 1049 erwähnt, er-

> www.marcopolo.de/niederlande-kueste

AUSFLÜGE & TOUREN

hielt 1220 das Stadtrecht und 1299 das Stapelrecht für Wein, Getreide und Holz. Auch die Hanse hatte hier ein Handelshaus. In einem Patrizierhaus, Nieuwe Haven 29, ist das *Museum Simon Van Gijn* untergebracht. Hier kann man sehen, wie eine wohlhabende Bürgerfamilie im 19. Jh. lebte *(Di–So 11–17 Uhr | Eintritt 6 Euro)*. Neben überdurchschnittlich guten Restaurants (zum Beispiel das Fischrestaurant *De Stroper | tgl. | Wijnburg 1–3 | Tel. 078/613 00 94 | €€€*) hat Dordrecht auch nette Läden zu bieten.

Von Dordrecht aus führt die Strecke weiter in Richtung Papendrecht, Alblasserdam nach ★ Kinderdijk. Einzigartig ist die wohl meistfotografierte Mühlenlandschaft der Niederlande, die 1997 zum Unesco-Weltkulturerbe ernannt wurde. Die 19 Windmaschinen, erbaut 1722 bis 1761, sind die größte Ansammlung von Poldermühlen im Land. Im Pumphaus ist ein Museum eingerichtet.

Nehmen Sie die Autofähre über die Lek nach Krimpen a.d. Lek, fahren Sie weiter nach Capelle aan de IJssel, um via E 19 in Richtung Den Haag zu fahren. Um nach Delft *(S. 46)* zu kommen, dem nächsten Ziel, verlässt man die Autobahn bei der Abfahrt Delft (nicht Delft Zuid).

Schon von Weitem ist der schiefe Turm der Oude Kerk sichtbar. Durch die romantische Innenstadt entlang der Grachten zu spazieren (Vorsicht, Radfahrer!) ist ein Vergnügen. Den Besuch schließt man bei schönem Wetter am besten in einem der Terrassencafés am Markt ab, flankiert von der Nieuwe Kerk und dem klassizistischen Rathaus und umgeben von Studenten und Touristen.

Eine der schönsten Kleinstädte des Landes: Delft mit seinen alten Stadthäusern

92 | 93

EIN TAG IN UND UM DEN HAAG
Action pur und einmalige Erlebnisse.
Gehen Sie auf Tour mit unserem Szene-Scout

GUTEN MORGEN! — 9:00
Noch müde? Zum Aufwachen geht's zu *Bij Mauce* im Stadtzentrum. Hier wartet ein hervorragendes *Ontbijt* mit Rührei, Brot, Kaffee und frischem Orangensaft – der perfekte Einstieg in einen ereignisreichen Tag. **WO?** *Theresiastraat 14 | Tel. 070/335 51 44 | www.bijmauce.nl*

10:00 — ACTION IM WASSER

Es wird nass, und zwar bei *Dutch Water Dreams*, einem Wildwassersportkomplex mit Olympia-Niveau im 15 Minuten entfernten Zoetermeer. Hier heißt es Flowboarden unterm Dach. Die Boardsportart ist eine Mischung aus Surfen, Snowboarden und Skateboarden. Ab aufs Brett und auf der künstlich erzeugten, gut 2 m hohen Welle gleiten! **WO?** *Van der Hagenstraat 3, Zoetermeer | Tel. 079/330 25 00 | Mo geschlossen, Kosten: 34,50 Euro/Std., www.dutchwaterdreams.com*

DESIGNLUNCH IM MUSEUM — 12:30
Hunger? Dann zurück nach Den Haag ins hippe *Gember*. Im stylischen Café-Restaurant im *GEM*, Museum für Moderne Kunst, gibt's neben Designermöbeln von Richard Hutten und Lichtkunst von Babak Afrassiabi und Ralph van Meijgaard auch leckere Sandwiches. Tipp: Platz mit Blick auf Terrasse und die 7 m große Skulptur von David Bade ergattern. **WO?** *Stadshouderslaan 43 | Tel. 070/338 12 63 | www.restaurantgember.nl*

14:00 — KÖNIGLICHE SPRITZTOUR

Einsteigen, bitte! Mit den witzigen dreirädrigen Tuk-Tuks geht's auf Stadterkundungstour auf den Spuren der Royals. **WO?** *Tuk Tuk Company | Start: am Hauptbahnhof | Tel. 09 00/993 33 99 | Kosten: 29,50 Euro | www.tuktukcompany.nl*

24 h

VERKEHRTE WELT

15:00

Im ehemaligen Palast von Königin Emma geht es sonderbar zu: optische Täuschungen, paradoxe Perspektiven und aufwärts fließende Flüsse – im *Eschermuseum* kann man nicht nur die Kunstwerke von M.C. Escher bestaunen, sondern auch in die Welt des berühmten Grafikers eintauchen. Beim 3-D-Computerspiel werden eigene Kreationen à la Escher erstellt oder im Escher-Raum wird mit verzerrten Proportionen experimentiert: Mal erscheint man als Zwerg, mal als Riese. **WO?** *Escher in Het Palais, Lange Voorhout 74 | Tel. 070/427 77 30 | Di–So 11–17 Uhr | Eintritt: 7,50 Euro | www.escherinhetpaleis.nl*

17:00

IM SIEBTEN HIMMEL

Mit dem *Seventh Heaven*-Paket steht jetzt Entspannung auf dem Programm. Auf Teezeremonie und Massage in einer speziellen Spa-Kapsel folgt ein Sauerstoff-Treatment der besonderen Art: Über eine Vorrichtung, die an einen Kopfhörer erinnert, atmet man 70-prozentigen Sauerstoff – danach fühlt man sich wie neu geboren! **WO?** *Urban Oasis, Torenstraat 156 | Tel. 09 00/872 26 62 | www.urbanoasis.nl*

TRENDY DINNER

20:00

Wer auf ausgefallene Kreationen steht, ist im durchgestylten *Statig* richtig: Hier kommen kleine Kunstwerke auf den Teller. Auf den Stühlen mit Tigerprint Platz nehmen und in Schinken gewickelten Seeteufel mit Nuss-Tapenade bestellen – dazu gibt's hausgemachte Pommes mit einer Piment-d'Espelette-Creme. Köstlich! **WO?** *Aert van der Goesstraat 21–23 | Tel. 070/358 53 30 | www.statig.nl*

23:00

ABTANZEN

It's Partytime! Im *Club One Four*, einer der angesagtesten Locations der Stadt, geht es heiß her. Internationale DJs sorgen für den richtigen Sound. **WO?** *Prinsengracht 14 | Tel. 070/220 64 20 | www.onefour.nl*

> FIT AN LAND UND AUF DEM WASSER

Die meisten Gäste kommen, um Wassersport zu treiben und Rad zu fahren. Im Winter lässt es sich sogar vortrefflich eislaufen

> Die Niederlande sind eine sportbegeisterte Nation: Die etwa 35 000 Sportvereine haben gut 4,5 Mio. Mitglieder. Das Land bietet zahlreiche Gelegenheiten, unterschiedlichste Sportarten auszuüben.

Wassersport wird auch bei den Besuchern großgeschrieben. Mindestens ebenso populär ist das Radfahren, das in diesem flachen Land nicht viel Anstrengung erfordert; jedenfalls, wenn der Wind aus der richtigen Richtung bläst!

■ EISLAUF ■

Im Winter leidet die niederländische Bevölkerung kollektiv am Eisfieber. Dann drehen sich die Gespräche um die Dicke des Eises auf den Flüssen und Kanälen und die Temperaturen der kommenden Nächte.

Die Königsroute unter all den Touren ist die *elfstedentocht,* ein Rennen über 200 km durch elf friesische Städte. Ein Spektakel, das nur durchgeführt werden kann, wenn das Eis

> www.marcopolo.de/niederlande-kueste

SPORT & AKTIVITÄTEN

die gut 16 000 Läuferinnen und Läufer auch wirklich zu tragen vermag. Das letzte dieser spektakulären Rennen fand im Januar 1997 statt.
www.elfstedentocht.nl

FALLSCHIRMSPRINGEN

Dank mäßiger Sommerwinde darf auch das Fallschirmspringen zu den besonderen Attraktionen in den Niederlanden gezählt werden. Schön ist dabei vor allem die große Rundsicht über Wasser und Land. Auf den Watteninseln Texel und Ameland, aber auch in der Provinz Zeeland gibt es Fallschirmzentren. Die meisten sind von März bis Oktober geöffnet.
www.enpc.nl, *www.skydive-zeeland.nl*, *www.skydiverotterdam.com*

INLINESKATING

In vielen Badeorten, aber auch in größeren Städten, werden im Sommer unter kundiger Führung abendliche Skatetouren organisiert. Mitmachen darf nur, wer die Bremstechnik voll und ganz beherrscht! Besonders beliebt bei Skatern ist die Provinz Flevoland, denn auf den neuen Poldern sind die Radwege in hervorragendem Zustand. In den Büros der Touristeninformation Flevoland liegen sechs Landkarten für Tagestouren bereit, darunter die *Fischertour* und die *Strandtour*. Wer in Friesland skaten möchte, kann sich an der eislosen Variante der Elfstedentocht versuchen. Informationen in allen Touristeninformationsbüros in Friesland. Weitere Infos: *www.skate bond.nl*

RADFAHREN

Die Niederlande sind ein Fahrradland par excellence, denn die platte Landschaft eignet sich wunderbar für entspannte Radtouren. Die meisten Fremdenverkehrsbüros haben örtliche Radrouten ausgearbeitet und bieten Karten an. Hat man keine Karte, helfen in den Städten die rot-weißen Schilder, auf dem Land die pilzförmigen Wegweiser. In jedem größeren Ort gibt es einen Fahrradverleih, zumeist am Bahnhof oder im Fahrradladen. Dort kann man auch alle nötigen Extras mieten, von Regencapes bis zu Kinderanhängern. *www.fietsers bond.nl*

SEGELN

In vielen friesischen Städtchen kann man Boote mieten und damit auf den umliegenden Seen segeln. Attraktiv sind auch Wattentörns mit den typisch niederländischen Plattbodenbooten aus der *bruine vloot*, der braunen Flotte, die wegen ihrer farbigen Segel so genannt wird. Anheuern kann man in Harlingen, Hoorn, Enkhuizen oder einem anderen Ort auf dem Festland, von wo aus die Reise auf eine oder mehrere Watteninseln führt. *Ca. 30 Euro pro Person pro Tag | Historische Zeilvaart Harlingen | Zuiderhaven 59 | Tel. 05 17/41 32 42 | www.historischezeilvaart.nl*

SURFEN

Windsurfen ist auf den zahlreichen Seen in Friesland, aber auch auf den Westfriesischen Inseln angesagt. Brett und Segel kann man in allen größeren Badeorten mieten. An einigen Stellen ist die Nordsee ein Paradies vor allem für Wellensurfer. Unter Insidern besonders beliebt ist der ▶▶ Küstenabschnitt beim Strandpavillon Timboektoe in der Nähe von Wijk aan Zee, wo die Strömung gering ist und immer ein leichter Südwestwind bläst.

Kitesurfing, Drachenfliegen auf dem Wasser, liegt zurzeit besonders im Trend. Mietbretter, aber auch Lektionen (2 Std.) in Kite- und Wellensurfen gibt es im Surfzentrum *The Hot Zone (Noordpier | Velzen Noord/ Wijk aan Zee | Tel. 02 51/37 41 41 | www.hotzone.nl)*

TAUCHEN

Zeeland ist auch ein Lieblingsziel für Sporttaucher. Interessierte können wählen, ob sie lieber in stillem Wasser, wie es z.B. das Oostvoorne und das Grevelingen-Meer bietet, tauchen möchten oder in den von den Gezeiten abhängigen Orten in der Oosterschelde und in der Nordsee. Bei letzteren muss unbedingt auf Ebbe und Flut geachtet werden! Ge-

> *www.marcopolo.de/niederlande-kueste*

SPORT & AKTIVITÄTEN

naue Informationen gibt es bei den Tauchzentren vor Ort.

Tauchkurse bietet beispielsweise das *Duikcentrum De Kabbelaar* (*Scharendijke | Tel. 01 11/67 19 13 | Fax 67 23 94 | www.dekabbelaar.nl*). Informationen über Preise, Taucherlaubnis und weitere Tauchzentren finden Sie unter *www.duikportaal.nl*.

■ WATTWANDERN

Ein ganz besonderes Erlebnis ist *wadlopen*, das ⭐ Wattwandern z. B. zwischen Ameland und Schiermonnikoog. Der etwa vierstündige Fußmarsch beginnt schon am frühen Morgen in Pieterburen. Ein mit Karte, Kompass und Peilstock ausgerüsteter Führer geht der Kolonne immer vor. Die ersten paar Meter watet man durch knöcheltiefen Schlick. Doch schon bald sinkt man bis über die Knie in den Morast, später gar bis zur Brust. Die sehr anstrengende Tour eignet sich nur für geübte Wanderer mit guter Kondition. Sie kann lebensgefährlich werden, wenn man sie ohne Führung unternimmt und sich mit den Gezeiten verrechnet! Eine frühzeitige Anmeldung ist empfehlenswert (*Stichting Wadloopcentrum Pieterburen | Tel. 05 95/52 83 00 | www.wadlopen.com*).

Das Wattenmeer kann auch von anderen Orten an der Küste, z. B. Wierum, Blije, Noordpolderzijl und Uithuizen aus überquert werden. Außerdem gibt es Wattwandertouren von den Inseln Texel, Ameland und Schiermonnikoog zum Festland.

Je nach Tour kann Wattwandern durchaus anstrengend sein

> KINDERPARADIES NIEDERLANDE

In den Niederlanden sind Kinder gern gesehene
Gäste. Entsprechend viele Kinderattraktionen werden geboten

> Urlaub in den Niederlanden werden Ihnen Ihre Kinder ewig danken! Sie werden hier nämlich wie kleine Könige behandelt. Dass es in den unzähligen Parks Spielplätze mit unterschiedlichsten Kletter- und Spielgeräten gibt, ist selbstverständlich. Genauso wie in jüngster Zeit immer mehr Museen eine Kinderecke einrichten. In den letzten Jahren wurden viele Attraktionsparks mit Wasserrutschbahnen und Riesenrädern gebaut. Über das umfassende Angebot an Kinderattraktionen in den Niederlanden informiert *www.uitmetkinderen.nl*.

ZEELAND

ARSENAAL VLISSINGEN [120 B4]
In dieser großen maritimen Abenteuerwelt schlägt das Herz des kleinen Piraten höher. Er kann auf Schatzinselsuche gehen, sich aus dem Mastkorb aufs Deck abseilen lassen oder auf einem Geisterschiff herumtollen.

Bild: Madurodam in Den Haag

MIT KINDERN REISEN

Auch Ebbe-und-Flut-Aquarium mit 3500 l Meerwasser, in dem Haie, Rochen und der selten gewordene Meerwolf ihre Runden drehen. *Tgl. 10–19 | Juni–Sept. 10–20 Uhr | Eintritt 12, Kinder bis 12 Jahre 10 Euro | Arsenaalplein 1 | www.arsenaal.com*

MINIATUUR WALCHEREN [120 B4]
Unweit des Marktplatzes von Middelburg wurde die Insel Walcheren mit rund 200 Bauwerken im Maßstab 1:20 aufgebaut. *Tgl. 10–19 Uhr | Eintritt 9 Euro, Kinder (3–12 Jahre) 7 Euro | Molenwater | www.miniatuurwalcheren.nl*

RANDSTAD

AVIFAUNA-VOGELPARK [118 C4]
In diesem kombinierten Vogel- und Vergnügungspark leben mehr als 3000 Vögel. Im Spielgarten befindet sich die höchste Rutschbahn der Niederlande (30 m). Auf einer 75-minü-

100 | 101

tigen Rundfahrt über den Braasse-
mersee können sich die Eltern von
den Strapazen erholen. *Tgl. 9–18
Uhr; im Winter sind einige Attraktio-
nen geschl. | Okt.–März Eintritt 6,
Kinder 5 Euro, April–Sept. 12, Kin-
der 10,50 Euro | Hoorn 65 | Alphen
aan de Rijn | www.avifauna.nl*

DIERGAARDE BLIJDORP [118 B5]

Überdachter Tropenwald, mongoli-
sche Steppe, chinesischer Garten,
asiatischer Sumpf – in dem Zoo leben die Tiere in einer ihrer Heimat
nachempfundenen Umgebung. *Tgl.
9–17, So, Feiertage und Ferienzeit
bis 18 Uhr | Eintritt 17,50, Kinder
14,50 Euro | Blijdorplaan 8 | Rotter-
dam | www.rotterdamzoo.nl*

DUINRELL [118 B4]

Die Fledermausmobile, mit denen man
über die Dünen fliegen kann, sind die
eine Hauptattraktion des Freizeit-
parks, die lange Wasserrutsche die
andere. Begeistert sind die Kinder
aber auch vom tropischen Tikibad.
*Ostern–Ende Okt. tgl. 10–17, Tikibad
ganzjährig 10–22 Uhr | Eintritt 16,50
Euro, Kinder unter 4 Jahren frei,
Tikibad 2 Std. 3,50 Euro | Duinrell 1
| Wassenaar | www.duinrell.nl*

MADURODAM [118 B4]

Alle bekannten Bauwerke des Landes wie der Königliche Palast in
Amsterdam oder das Parlament in
Den Haag sind im Maßstab 1:25
nachgebaut. *Tgl. Jan.–März, Sept.–
Dez. 9–18, April–Juni 9–20, Juli/
Aug. 9–23 Uhr | Eintritt 13,75,
Kinder 9,75 Euro | George Maduro-
plein 1 | Scheveningen | www.maduro
dam.nl*

MUSEON [118 B4]

Wissenschaftliches Kindermuseum
mit der Darstellung von Weltall,
Erde, Natur und Umwelt. *Di–So 11–
17 Uhr | Eintritt 7,50, Kinder 4 Euro
| Stadhouderslaan 37 | Den Haag |
www.museon.nl*

NATURALIS [118 B4]

Hypermoderne naturhistorische
Schatzkammer mit über 8000 Expo-
naten, darunter die Skelette einer 9 m
langen Eidechse, eines Urpferds und
eines Mammuts. *Di–Fr 10–17, Sa,
So bis 18 Uhr, während der niederl.
Schulferien auch Mo | Eintritt 9
Euro, Kinder 5 Euro | Darwinweg |
Leiden | www.naturalis.nl*

SERPO REPTILIENZOO [118 B4]

Schon mal eine Schlange gestrei-
chelt? In den Terrarien in Delft
finden Sie Kröten und Krokodile.
*Mo–Sa 10–18, So 13–18 Uhr | Ein-
tritt 7,50, Kinder 5,40 Euro | Stations-
plein 8 | www.serpo.nl*

▪ RUND UMS IJSSELMEER ▪

DE BATAVIER [118 C1]

Zwischen Alkmaar und Bergen be-
findet sich dieser Spielgarten mit
Rutschbahn, Familienschaukel und
Trampolinen. Restaurant mit großer
Terrasse. *Mai–Aug. tgl. 10–18 Uhr,
April u. Sept., Okt. Mi 13–18 Uhr
und Sa/So 11–18 Uhr | Eintritt 5
Euro, Kinder 6 Euro | Bergerweg 100
| Alkmaar | www.debatavier.nl*

KLIMDUIN [116 A5] Inside Tipp

Die 51 m hohe Sanddüne schwappt
ins Zentrum des Ortes Schoorl. Im
Winter kann man dort Schlitten fahren, im Sommer Wettrennen hinauf

> *www.marcopolo.de/niederlande-kueste*

MIT KINDERN REISEN

veranstalten und sich dann herunterkullern lassen. *Schoorl, Ortszentrum*

OTTERPARK AQUAZOO [117 E2]
Was Sie und Ihre Kinder schon immer über Otter wissen wollten, erfahren Sie in diesem Park in Leeuwarden. *Mai–Sept. tgl. 9.30–18, Okt.–April 10–17 Uhr | Eintritt 14,50, Kinder 12,50 Euro | de Groene Ster 2 | www.aquazoo.nl*

ZEEAQUARIUM [116 A6]
Ein Sammelsurium an Meeresbewohnern. Rund 40 Aquarien mit z. T. tropischen Fischen, außerdem drei große Bassins, die zeigen, wie es im Meer oder an einem Korallenriff aussieht. *April–Sept. tgl. 10–18, Okt.–März 11–17 Uhr | Eintritt 8,50, Kinder 6,50 Euro | van der Wijckplein 16 | Bergen aan Zee | www.zeeaquarium.nl*

WESTFRIESISCHE INSELN

CENTRUM VOOR NATUUR [116 C1]
Naturmuseum und Aquarium, viel Wissenswertes über die Nordseefauna und -flora. *April–Okt. Mo–Fr 9–17, Sa/So 14–17 Uhr | Eintritt 5, Kinder 3,50 Euro | Burgemeester Reedekkerstraat 11 | Terschelling*

MARITIEM EN JUTTERS MUSEUM [116 B3]
Lustiges und interessantes Durcheinander an unzähligem Strandgut in der Scheune des Seefahrtsmuseums. Ein weiteres Kuriosum ist eine Getreidemühle, die Strom erzeugt. Im Hauptgebäude kann man archäologische Funde aus Schiffswracks betrachten. *Di–Sa 10–17, So 12–17 Uhr | Eintritt 5,50, Kinder 4 Euro | Barentszstraat 21 | Oudeschild | Texel*

Die Strände an der Küste sind ein einziger großer Spielplatz

> VON ANREISE BIS ZOLL

Urlaub von Anfang bis Ende: die wichtigsten Adressen und Informationen für Ihre Reise an die Niederländische Küste

ANREISE

AUTO
Über die deutschen Autobahnen sind die Niederlande über viele Grenzübergänge zu erreichen. Vom Westen (Köln) über die A 57 oder die A 3, aus Richtung Hamburg über die A 1 und A 30, aus Richtung Berlin über die A 2/A 30.

BAHN
Das Streckennetz der Eisenbahn und der Busse ist in Richtung Küste gut ausgebaut. Es verkehren Schnellzüge und Intercity-Züge in kurzen Abständen. Mit den IC- und EC-Zügen sind die Niederlande von allen europäischen Städten aus schnell erreichbar. Ab Frankfurt und Köln fährt auch der ICE nach Amsterdam. Fahrzeit von Osnabrück nach Amsterdam: etwa 3 Stunden, ab Frankfurt mit dem ICE etwa 4 Stunden. Von Berlin und München gibt es einen direkten Nachtzug, ebenso wie von Basel. Tagsüber muss man von der Schweiz in Frankfurt, von Österreich in München umsteigen.

FLUGZEUG
Der internationale Flughafen Schiphol liegt 18 km von Amsterdam entfernt. Täglich gibt es mehrere Flugverbindungen mit allen wichtigen europäischen Städten. Ein regulärer Economy-Flug von Hamburg

> WWW.MARCOPOLO.DE
Ihr Reise- und Freizeitportal im Internet!

> Aktuelle multimediale Informationen, Insider-Tipps und Angebote zu Zielen weltweit ... und für Ihre Stadt zu Hause!

> Interaktive Karten mit eingezeichneten Sehenswürdigkeiten, Hotels, Restaurants etc.

> Inspirierende Bilder, Videos, Reportagen

> Kostenloser 14-täglicher MARCO POLO Podcast: Hören Sie sich in ferne Länder und quirlige Metropolen!

> Gewinnspiele mit attraktiven Preisen

> Bewertungen, Tipps und Beiträge von Reisenden in der lebhaften MARCO POLO Community: *Jetzt mitmachen und kostenlos registrieren!*

> Praktische Services wie Routenplaner, Währungsrechner etc.

Abonnieren Sie den kostenlosen MARCO POLO Newsletter ... wir informieren Sie 14-täglich über Neuigkeiten auf marcopolo.de!

Reinklicken und wegträumen!
www.marcopolo.de

> MARCO POLO speziell für Ihr Handy! Zahlreiche Informationen aus den Reiseführern, Stadtpläne mit 100 000 eingezeichneten Zielen, Routenplaner und vieles mehr.
mobile.marcopolo.de (auf dem Handy)
www.marcopolo.de/mobile (Demo und weitere Infos auf der Website)

PRAKTISCHE HINWEISE

nach Amsterdam kostet ungefähr 300 Euro. Transaria fliegt von Berlin, SkyEurope von Wien und Easyjet von Basel nach Amsterdam. Vom unterirdischen Bahnhof des Flughafens Schiphol aus ist jeder Ort des Landes erreichbar. Nach Den Haag, Rotterdam und Amsterdam fahren pro Stunde bis zu sechs Züge. Einige Low-Budget-Fluglinien fliegen inzwischen aber auch den kleineren Airport Rotterdam an, so etwa Intersky ab Friedrichshafen und Transavia ab Salzburg. Möchte man nach Zeeuws Vlaanderen, kann der Flughafen Brüssel die günstigste Lösung sein.

◼ AUSKUNFT

NIEDERLÄNDISCHES BÜRO FÜR TOURISMUS (NBT)
Postfach 27 05 80 | 50511 Köln | Tel. 02 21/925 71 70 | www.niederlande.de

VVV
Im Land gibt es 350 Verkehrsbüros, die VVV *(Vereniging voor Vreemdelingenverkeer)*. Die meisten Touristeninformationen haben Sondertelefonnummern (Vorwahl 0900), deren Tarif variiert und über dem normalen liegt. Die Vorwahl 0800 ist kostenlos. Gegen Gebühr vermitteln die VVV-Büros Unterkünfte, Ausflüge und verkaufen Prospekte, Wander- und Straßenkarten *(geöffnet meist Mo–Fr 9–17, Sa 10–13 Uhr, im Sommer z. T. auch am Sonntag)*.

◼ AUTO

Auf Autobahnen sind 120 km/h, auf Schnellstraßen 100 km/h und auf Landstraßen 80 km/h erlaubt. In den Ortschaften darf man 50 km/h bzw. 30 km/h fahren. Die Einhaltung der Geschwindigkeit wird geprüft. Auf der Autobahn Utrecht–Amsterdam wird rund um die Uhr regelmäßig kontrolliert. Die Bußgelder sind gepfeffert: Eine Geschwindigkeitsübertretung von 20 km/h kostet je nach Tatort zwischen 75 und 150 Euro.

◼ BAHN

Das öffentliche Verkehrsnetz ist mit Bus und Bahn gut ausgebaut. Platzreservierungen und IC-Zuschläge kennt man hier nicht. Kinder (4–11 Jahre) zahlen in Erwachsenenbegleitung nur 2 Euro *(railrunner)*. Karten beim Zugschaffner kosten deutlich mehr als am Schalter oder Automaten. *Auskunft Tel. 09 00/92 96*

Das eigene Rad kann man im Zug mitnehmen (Wagen mit Fahrradsymbol beachten), dafür ist eine Fahrkarte *(Tageskarte 6 Euro)* notwendig. Sept.–Juni Mo–Fr 6.30–9 und 16.30–18 Uhr ist die Mitnahme nicht erlaubt.

◼ CAMPING

Campingplätze gibt es in hoher Zahl an der Küste, pro Tag und Person muss man 15 bis 20 Euro rechnen. Wildes Campen ist verboten, die Geldbußen sind hoch.

CHARTERBOOTE

Das niederländische Wassernetz ist rund 6000 km lang, rund 900000 Urlauber befahren es jährlich. Eng kann es dann in den Häfen und vor den Schleusentoren werden. Beliebt sind Fahrten in Zeeland, im IJssel- und Wattenmeer. Inzwischen gibt es etwa 400 Boote in der *bruine vloot*, die wegen der Farbe ihrer Segel so genannt wird, deren Eigentümer sich in der Stiftung *Traditionelle Charterfahrten (TCN)* zusammengeschlossen haben. Enkhuizen gehört zu den großen Yacht- und Segelzentren. Gruppen- und Individualreisen per Boot bietet die Reederei *NAUPAR (Tel. 088/252 51 50 | www.naupar.nl)*. Sie besitzt 140 Segelschiffe, mit denen sie unter anderem Törns auf IJsselmeer und Wattenmeer anbietet.

DIPLOMATISCHE VERTRETUNGEN

BOTSCHAFT DER BUNDESREPUBLIK DEUTSCHLAND
Groot Hertoginnelaan 18–20 | 2517 EG Den Haag | Tel. 070/342 06 00 | www.duitse-ambassade.nl

BOTSCHAFT DER REPUBLIK ÖSTERREICH
Van Alkemadelaan 342 | 2597 AS Den Haag | Tel. 070/342 54 70 | Fax 328 20 66 | www.bmeia.at/denhaag/

BOTSCHAFT DER SCHWEIZ
Lange Voorhout 42 | 2514 EE Den Haag | Tel. 070/364 28 31 | www.eda.admin.ch/denhaag

EINREISE

Schweizer benötigen eine Identitätskarte, für EU-Bürger genügt ein Personalausweis, eine Grenzkontrolle findet aber kaum noch statt. Tiere benötigen eine Bescheinigung über die Tollwutimpfung.

GRUPPENUNTERKÜNFTE

Familien, Schulklassen und Vereine haben die Möglichkeit, größere Häuser für Veranstaltungen und Ausfahrten zu mieten. Sie können unter Bauernhäusern, Bungalows in Feriendörfern und Herrenhäusern wählen. Informationen unter *Tel. 04 87/59 46 41| Fax 59 43 89 | www.groepen.nl*

INTERNET

In den meisten Hotels gibt es einen Internetzugang, in den Städten oft sogar drahtlose Verbindungen auf dem Zimmer. Für touristische Auskünfte empfehlen sich *www.niederlande.de* und *www.holland.com*. Beide Websites bieten auch einen Veranstaltungskalender und ein Hotelverzeichnis. Unter *www.hotels.nl* und *www.bookings.nl* kann man Hotels direkt und ohne Buchungskosten reservieren. *www.fijnopreis.nl* ist ein Verzeichnis mit Bed&Breakfast-Adressen. Zugfahrpläne findet man unter *www.ns.nl,* internationale Züge unter *www.nshispeed.nl. www.9292ov.nl* ist ein Routenplaner für alle öffentlichen Verkehrsmittel. Ein Online-Wörterbuch gibt es unter *www.mijnwoordenboek.nl*

INTERNETCAFÉS

Internetcafés sind selten geworden, da immer mehr Hotels ihren Gästen Zugang zum Internet bieten. Alkmaar: *Dijk 31 | Tel. 072/511 78 00*

> *www.marcopolo.de/niederlande-kueste*

PRAKTISCHE HINWEISE

Haarlem: *Amadeus | Grote Markt 10 | Tel. 023/523 45 31*
Texel: *Badweg 3 | De Koog | Tel. 02 22/31 75 11*

JUGENDHERBERGEN

In den Niederlanden gibt es 30 Jugendherbergen – die wohl schönste ist Schloss Westhove bei Domburg *(S. 38)* –, auch Familien und Nichtmitglieder können dort übernachten. Mit einer Mitgliedskarte von Hostelling International erhält man 2,50 Euro Rabatt pro Übernachtung. Auskunft und Reservierung: *Stayokay | Zandpad 5 | 1054 GA Amsterdam | Tel. 020/551 31 55 | www.stayokay.com*

Insider Tipp

KLIMA & REISEZEIT

Das Klima wird durch das Meer und den Golfstrom bestimmt: nicht zu heiße Sommer und milde Winter. In Zeeland scheint die Sonne häufiger als anderswo im Land. Die Wassertemperaturen liegen im Sommer bei 16 °C, manchmal auch darüber. Mai und Juni sind die niederschlagsärmsten Monate. Dennoch sollte man nie Regenschirm oder -cape vergessen.

MUSEUMSKARTE (MK)

Wer mehrere Museen besuchen will, sollte die Museumskarte *(Museumkaart)* kaufen. Sie ist ein Jahr gültig und berechtigt zum kostenlosen Besuch der meisten Museen in den Niederlanden. Die Jahreskarte kostet 39,95 Euro, für Jugendliche bis 24 Jahren 22,45 Euro *(www.museumkaart. nl)*. Sie ist online und in den Museen erhältlich. Passfoto nicht vergessen!

Die Museen, die die Museumskarte akzeptieren, sind im Text mit „MK" gekennzeichnet.

NOTRUF

Die kostenlose Notrufnummer gilt landesweit: 112. Für weniger dringende Fälle gibt es in den meisten größeren Orten den *centrale doktersdienst,* der rund um die Uhr erreichbar ist. Die Telefonnummer erfährt man an der Hotelrezeption oder im VVV-Büro.

ÖFFENTLICHE VERKEHRSMITTEL

Bus und Tram: Mit einer *strippenkaart,* der Streifenkarte, fährt man in

WAS KOSTET WIE VIEL?

KAFFEE	**2,50 EURO**	für eine Tasse Kaffee
FISCH	**4 EURO**	für eine Portion frittierten Fisch am Strand
BIER	**2,20 EURO**	für ein kleines Glas Bier
RADMIETE	**8 EURO**	pro Tag
BENZIN	**1,65 EURO**	für einen Liter Super
BROODJE KAAS	**2 EURO**	für ein Käsebrötchen

Straßenbahnen (Tram) und Bussen (auch über Land), die nationale Strippenkaart (6,90 und 20,40 Euro) ist im gesamten Land gültig. Für eine Zeitzone stempelt man zwei Coupons ab. Die Karten gibt es bei den Fahrkartenschaltern, bei Zeitschriftenhändlern oder beim Fahrer – dort aber teurer.

Treintaxi (Bahntaxi): An 111 Bahnhöfen stehen sogenannte Treintaxen. Will man am Ziel das Treintaxi benutzen, muss man zusammen mit der Fahrkarte ein Ticket (4,80 Euro) für das Taxi kaufen. Sie fahren täglich ab 7 Uhr bis zum letzten Zug. Der günstige Preis ergibt sich aus dem Sammeltaxiprinzip: Will noch jemand zum selben Ort, muss man das Taxi teilen.

ÖFFNUNGSZEITEN

Allgemeine Öffnungszeiten: 8.30 bis 18 Uhr, Supermärkte oft bis 20 Uhr, am Sa bis 17 Uhr, Mo vormittags sind die meisten Geschäfte geschlossen. In einigen Urlaubsorten und in den Zentren der Großstädte haben Läden auch So 12–17 Uhr geöffnet.

PARKEN

Aus den Städten wird der Autoverkehr verbannt, da den Parkproblemen anders nicht mehr beizukommen ist.

Das Parken ist relativ teuer (es gibt Parkuhren und Parkautomaten, also an Münzen denken). Die Tarife schwanken zwischen 1,50 und 5 Euro pro Std. Je nach Stadt muss täglich zwischen 9 und 19 Uhr, in Amsterdam bis 24 Uhr bezahlt werden. Auch an den Stränden stehen Parkautomaten. Ist die Parkzeit überschritten, wird eine Radklemme *(wielklem)* angeschraubt. In Amsterdam kostet die Entfernung der Klemme 90 bis 300 Euro. Hotels in Küstenorten, wo das Parken kostenpflichtig ist, haben häufig private Parkplätze, die man bei der Zimmerbuchung mitreservieren kann. Manche bieten auch einen Parkschein zum Parken auf der Straße an.

POST

Die Post heißt in Holland TNT, die Ämter sind Mo–Fr 9–18 Uhr geöffnet, am Sa 9–12 oder 13 Uhr. In den

WETTER IN DEN HELDER

	Jan.	Feb.	März	April	Mai	Juni	Juli	Aug.	Sept.	Okt.	Nov.	Dez.
Tagestemperaturen in °C	5	4	7	10	14	18	20	20	18	14	9	6
Nachttemperaturen in °C	1	1	2	5	9	12	14	15	13	9	5	2
Sonnenschein Std./Tag	2	3	4	6	7	7	7	6	5	3	2	1
Niederschlag Tage/Monat	13	11	9	9	7	7	10	11	11	13	14	13
Wassertemperaturen in °C	5	5	5	7	10	13	16	17	16	14	10	8

PRAKTISCHE HINWEISE

Bahnhöfen gibt es keine Post. Briefe und Postkarten innerhalb der EU 75 Cent. Briefmarken kann man aber auch in allen größerern Supermärkten am Kioskstand kaufen.

TELEFON & HANDY

In den Niederlanden finden Sie vor allem Kartentelefone. Telefonkarten kauft man in Bahnhöfen, bei der Post, in Souvenirläden und in vielen VVV-Büros.

Landesvorwahl Deutschland: 0049, Schweiz 0041, Österreich 0043. Vorwahl Niederlande 0031.

Viele Auskunftsbüros haben 0900-Nummern, die teurer sind als der normale Telefontarif. 0800-Nummern sind kostenlos.

In den Niederlanden werben zahlreiche Handygesellschaften um Kunden. Dementsprechend ändern sich die Preise oft. Prepaid-Karten können Sie in Telefongeschäften kaufen, vielerorts werden Sie sie aber auch in Kiosken und Supermärkten finden. Eine aktuelle Übersicht der Tarife finden Sie unter *www.bellen. com*. Prepaid-Karten wie die von GlobalSim *(www.globalsim.net)* oder Globilo *(www.globilo.de)* sind zwar teurer, ersparen aber ebenfalls alle Roaming-Gebühren. Und: Sie bekommen schon zu Hause Ihre neue Nummer. Immer günstig sind SMS. Hohe Kosten verursacht die Mailbox: Unbedingt noch im Heimatland abschalten!

TRINKGELD

Trinkgeld um die zehn Prozent im Restaurant ist üblich. Wichtig: Das Personal in den öffentlichen Toiletten verlangt bis zu 50 Cent.

WETTERVORHERSAGE

Für das gesamte Küstengebiet wurde eine kostenpflichtige Servicetelefonnummer eingerichtet, die über die aktuelle Wettersituation unterrichtet *(45 Cent/Min.). Tel. 0900/97 25 | www. wetteronline.de/niederlande.htm*

Wassersport wird großgeschrieben

ZEITUNGEN & ZEITSCHRIFTEN

Noch am Erscheinungstag erhält man an Bahnhöfen oder Kiosken vor allem in den touristischen Ballungsgebieten alle großen deutschsprachigen Tageszeitungen, Wochenzeitungen und viele Illustrierte.

ZOLL

Ausgeführt werden dürfen fast alle Güter, solange sie nicht für den Handel bestimmt sind; Waren zum persönlichen Gebrauch können von EU-Bürgern innerhalb der EU zollfrei ein- und ausgeführt werden. Für Schweizer gelten allerdings weiterhin Obergrenzen, z. B. 200 Zigaretten oder 50 Zigarren oder 250 g Tabak; weiterhin 2 l alkoholische Getränke unter oder 1 l Spirituosen über 22 %, andere Waren zu Geschenkzwecken bis zu 100 CHF.

> SPREEK JIJ NEDERLANDS?

„Sprichst du Niederländisch?" Dieser Sprachführer hilft Ihnen,
die wichtigsten Wörter und Sätze auf Niederländisch zu sagen

Aussprache

Zur Erleichterung der Aussprache sind alle niederländischen Wörter mit einer
einfachen Aussprache (in eckigen Klammern) versehen.

■ AUF EINEN BLICK

Ja./Nein.	Ja. [jaa]/Nee. [nee]
Vielleicht.	Misschien. [mischien]
Bitte.	*(Sie)* Alstublieft. [alstüblieft]
	(du) Alsjeblieft. [alsjeblieft]
Vielen Dank!	Dank u wel. [dank ü wel]
Gern geschehen.	Graag gedaan. [chraach chedaan]
Wie bitte?	Wat zegt u? [wat zecht ü]
Ich verstehe Sie/dich nicht.	Ik begrijp u/je niet.
	[ik begreip ü/je niet]
Ich spreche nur wenig …	Ik spreek maar 'n beetje …
	[ik spreek maar n beetje …]
Können Sie mir bitte helfen?	Kunt u mij alstublieft helpen?
	[künt ü mei alstüblieft helpen]
Ich möchte …	Ik wil …/Ik zou graag …
	[ik wil …/ik sau chraach …]
Wie viel kostet es?	Hoe duur is het?/Hoeveel kost het?
	[hu dühr is hett/hufeel kost hett]
Wie viel Uhr ist es?	Hoe laat is het?
	[hu laat is hett]

■ KENNENLERNEN

Guten Morgen!	Goedemorgen! [chujemorchen]
Guten Tag!	Dag! [dach]
Hallo! Grüß dich!	Hallo!/Dag! [halloo/dach]
Mein Name ist …	Mijn naam is … [mein naam is]
Wie ist Ihr Name, bitte?	Wat is uw naam?
	[wat is üw naam]
Wie heißt du?	Hoe heet je? [hu heet je]
Wie geht es Ihnen/dir?	Hoe gaat het met u/jou?
	[hu chaht hett mett ü/jau]
Danke, gut. Und Ihnen/dir?	Prima. En met u/jou?
	[primaa en mett ü/jau]
Auf Wiedersehen!	Tot ziens! [tot siens]

> *www.marcopolo.de/niederlande-kueste*

SPRACHFÜHRER NIEDERLÄNDISCH

UNTERWEGS

AUSKUNFT

links/rechts
links/rechts [links/rechs]

geradeaus
rechtdoor [rechdoor]

nah/weit
dichtbij/ver [dichbei/ver]

Bitte, wo ist …
Waar is … [waar is]

… der Hauptbahnhof?
… het centraal station?
[het sentraalstaaschon]

… der Flughafen?
… de luchthaven?/het vliegveld?
[de lüchthaafen/hett vliechvelt]

Wie weit ist das?
Hoe ver is dat? [Hu ver is dat]

Ich möchte … mieten.
Ik ben van plan … te huren.
[Ik benn vann plann … te hüren]

… ein Auto …
… een auto … ['n auto]

… ein Fahrrad …
… een fiets … ['n fiets]

PANNE

Ich habe eine Panne.
Ik heb pech. [ik heb pech]

Würden Sie mir bitte einen
Abschleppwagen schicken?
Wilt u mij alstublieft de sleepdienst/
takeldienst sturen?
[wilt ü mei alstüblieft
de sleepdienst/taakldienst stüren]

Wo ist hier in der Nähe
eine Werkstatt?
Waar is hier in de buurt een garage?
[waar is hier in de bürt en graasche]

TANKSTELLE

Wo ist bitte die nächste
Tankstelle?
Waar is het dichtsbijzijnde
pompstation? [waar is hett dichsbeiseinde
pompstaaschon]

Ich möchte … Liter …
Ik wil graag … liter … [ik wil chraach … lietr]

… Normalbenzin.
… gewone benzine. [chewohne bensiene]

… Super./Diesel.
… super./diesel. [süper/diesl]

UNFALL

Hilfe!
Help! [helüpp]

Achtung!
Let op!/Pas op! [lett op/pas op]

Rufen Sie bitte schnell …
Belt u direct … [belt ü dierekt]

… einen Krankenwagen.
… een ziekenwagen. [n siekewaachn]

… die Polizei.
… de politie. [de poolietsie]

… die Feuerwehr.
… de brandweer. [de branntwehr]

Es war meine/Ihre Schuld.
Het was mijn/uw schuld.
[hett was mein/üw schült]

Geben Sie mir bitte Ihren
Namen und Ihre Anschrift.
Geeft U mij alstublieft uw naam en
uw adres. [cheeft ü mei alstüblieft üw
naam en üw adress]

ESSEN/UNTERHALTUNG

Wo gibt es hier …
Waar is hier … [waar is hier …]
   … ein gutes …
   … een goed … [en chut]
   … ein nicht zu teures …
   … een niet te duur … [en niet te dühr]
   … Restaurant?
   … restaurant? [restoorant]
Gibt es hier eine gemütliche
Kneipe?
Is er hier een gezellig kroegje?
[is er hier en chesellich kruchje]
Reservieren Sie uns bitte
für heute Abend einen
Tisch für vier Personen.
Wilt u (voor ons) voor vanavond een
tafel voor vier personen reserveren?
[wilt ü (fohr ons) fohr fanaafont en taafl
fohr fier persoonen reeserfeern]

Die Speisekarte, bitte!
De kaart, graag! [de kaart chraach]
Ich nehme …
Ik neem … [ik neem]
Bitte ein Glas …
Een glas …, alstublieft. [en chlas … alstüblift]
Auf Ihr Wohl!
Proost!/Op uw gezondheid!
[proost/op ü chesontheit]

Die Rechnung, bitte.
De rekening, alstublieft.
[de reekening, alstüblieft]
Es stimmt so.
Zo is het in orde. [soo iset in orrde]
Wo sind bitte die Toiletten?
Waar is het toilet? [waar is hett twalett?]

EINKAUFEN

Wo finde ich …
Waar vind ik … [waar fint ik]
   … eine Apotheke?
   … een apotheek? [en aapooteek]
   … eine Bäckerei?
   … een bakkerij? [en bakkerei]
   … Fotoartikel?
   … fotoartikelen? [footoo-artieklen]
   … ein Kaufhaus?
   … een warenhuis? [en wahrenheus]
   … einen Supermarkt?
   … een supermarkt? [en süpermarkt]
   … einen Markt?
   … een markt? [en marückt]
Haben Sie …?
Heeft u …? [heeft ü]

ÜBERNACHTUNG

Können Sie mir bitte …
empfehlen?
Kunt u mij … aanbevelen?
[künt ü mei … aanbefeelen]
   … ein gutes Hotel …
   … een goed hotel… [en chut hootel]
   … eine Pension …
   … een pension … [en penschon]
Haben Sie noch Zimmer frei?
Heeft u nog kamers vrij?
[heeft ü noch kaamrs frei]

> **www.marcopolo.de/niederlande-kueste**

SPRACHFÜHRER

ein Einzelzimmer — een eenpersoonskamer [en eenpersoonskaamr]

ein Doppelzimmer — een tweepersoonskamer [en tweepersoonskaamr]

mit Dusche/Bad — met douche/bad [met dusch/batt]

für eine Woche — voor een week [voor een week]

Was kostet das Zimmer mit … — Hoeveel kost logies met … [huveel kost looschies met]

… Frühstück? — … ontbijt? [onntbeit]

… Halbpension? — … halfpension? [halfpenschoon]

■ PRAKTISCHE INFORMATIONEN ■

ARZT

Können Sie mir einen guten Arzt empfehlen? — Kunt u mij een goede dokter/arts aanbevelen? [künnt ü mei en chuje doktr/arrts aanbeveelen]

Ich habe hier Schmerzen. — Ik heb hier pijn. [ik hep hier pein]

Ich habe Fieber. — Ik heb koorts. [ik hep koorts]

POST

Was kostet … — Hoeveel kost [huveel kost] …

… ein Brief … — … een brief … [en brief]

… eine Postkarte … — … een briefkaart … [en briefkaart]

… nach Deutschland? — … naar Duitsland? [naar döitslant]

Eine Briefmarke, bitte. — Een postzegel, alstublieft. [en posseechel alstüblieft]

■ ZAHLEN ■

0	nul [nül]	16	zestien [sestien]	90	negentig [neechentich]
1	één [een]	17	zeventien [seefentien]	100	honderd [hondert]
2	twee [tweh]	18	achttien [achtien]	200	tweehonderd [twehhondert]
3	drie [drie]	19	negentien [neechentien]	1000	duizend [deusent]
4	vier [vier]	20	twintig [twintich]	10000	tienduizend [tiendeusent]
5	vijf [feif]	21	één-en-twintig [een en twintich]	1/2	een half [ünn half]
6	zes [ses]	30	dertig [dertich]	1/4	een vierde, een kwart [ünn vierde, ünn kwart]
7	zeven [seefen]	40	veertig [veertich]		
8	acht [acht]	50	vijftig [feiftich]		
9	negen [neechen]	60	zestig [sestich]		
10	tien [tien]	70	zeventig [seefentich]		
11	elf [ellüff]	80	tachtig [tachtich]		
12	twaalf [twaalüff]				
13	dertien [dertien]				
14	veertien [veertien]				
15	vijftien [feiftien]				

Gracht in Schiedam

> UNTERWEGS AN DER NIEDERLÄNDISCHEN KÜSTE

Die Seiteneinteilung für den Reiseatlas finden Sie auf dem hinteren Umschlag dieses Reiseführers

REISE ATLAS

115

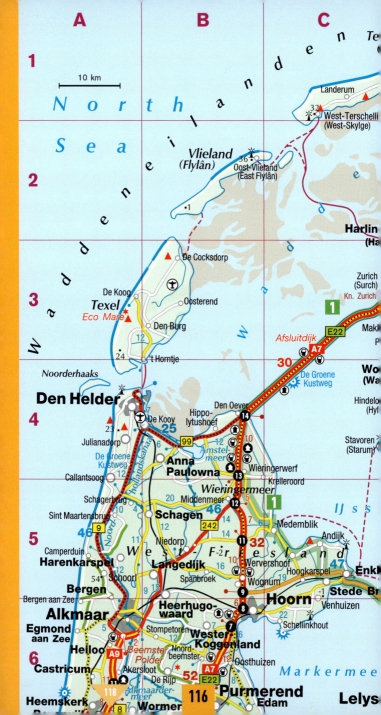

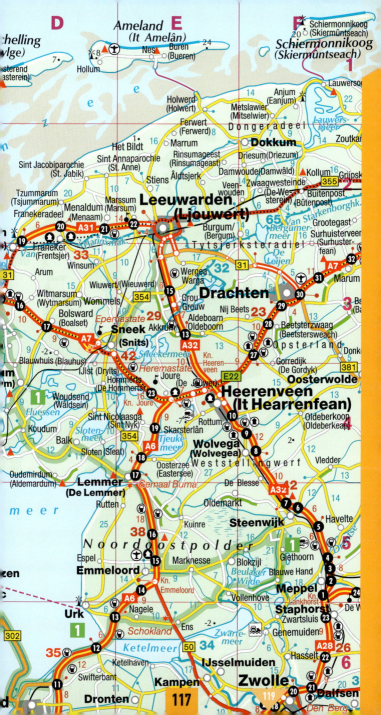

KARTENLEGENDE

18 **26**	Autobahn mit Anschlussstellen / Motorway with junctions
	Autobahn in Bau / Motorway under construction
	Mautstelle / Toll station
	Raststätte mit Übernachtung / Roadside restaurant and hotel
	Raststätte / Roadside restaurant
	Tankstelle / Filling-station
	Autobahnähnliche Schnellstraße mit Anschlussstelle / Dual carriage-way with motorway characteristics with junction
	Fernverkehrsstraße / Trunk road
	Durchgangsstraße / Thoroughfare
	Wichtige Hauptstraße / Important main road
	Hauptstraße / Main road
	Nebenstraße / Secondary road
	Eisenbahn / Railway
	Autozug-Terminal / Car-loading terminal
	Zahnradbahn / Mountain railway
	Kabinenschwebebahn / Aerial cableway
	Eisenbahnfähre / Railway ferry
	Autofähre / Car ferry
	Schifffahrtslinie / Shipping route
	Landschaftlich besonders schöne Strecke / Route with beautiful scenery
Alleenstr.	Touristenstraße / Tourist route
XI-V	Wintersperre / Closure in winter
×-×-×-×	Straße für Kfz gesperrt / Road closed to motor traffic
8%	Bedeutende Steigungen / Important gradients
	Für Wohnwagen nicht empfehlenswert / Not recommended for caravans
	Für Wohnwagen gesperrt / Closed for caravans

* *Wartenstein* / * *Umbalfälle*	Sehenswert: Kultur - Natur / Of interest: culture - nature
	Badestrand / Bathing beach
	Besonders schöner Ausblick / Important panoramic view
	Ausflüge & Touren / Excursions & tours
	Nationalpark, Naturpark / National park, nature park
	Sperrgebiet / Prohibited area
	Kirche / Church
	Kloster / Monastery
	Schloss, Burg / Palace, castle
	Moschee / Mosque
	Ruinen / Ruins
	Leuchtturm / Lighthouse
	Turm / Tower
	Höhle / Cave
	Ausgrabungsstätte / Archaeological excavation
▲	Jugendherberge / Youth hostel
⬟	Allein stehendes Hotel / Isolated hotel
⬠	Berghütte / Refuge
▲	Campingplatz / Camping site
	Flughafen / Airport
	Regionalflughafen / Regional airport
	Flugplatz / Airfield
	Staatsgrenze / National boundary
	Verwaltungsgrenze / Administrative boundary
⊖	Grenzkontrollstelle / Check-point
⊖	Grenzkontrollstelle mit Beschränkung / Check-point with restrictions
PARIS	Hauptstadt / Capital
MARSEILLE	Verwaltungssitz / Seat of the administration

122

REGISTER

In diesem Register sind alle in diesem Führer erwähnten Orte und Ausflugsziele verzeichnet. Halbfette Seitenzahlen verweisen auf den Haupteintrag, kursive auf ein Foto.

Aardenburg 38, **39f.**
Alkmaar 10, 21, 22, **55f.**, *56*, 102, 106, *123*
Alphen aan de Rijn 102
Ameland 20, 37, **71ff.**, *75*, 80, 97, 99
Ballum **72**, 74
Batavia-Werft 66
Bergen 10, 55, **56f.**, 102, 103
Beverwijk 63f.
Biesbosch 20, 52, **53**
Blije 99
Bloemendaal 10, 64
Blokzijl 90, 92
Borssele 33
Brandaris 78, **80**, *81*
Breskens 37, **40**
Broek in Waterland 58f.
Brouwershaven 31, **33f.**
Buren 72, 74
Burgh-Haamstede 34, 35
Cadzand 30, 39, **40**
Cranberryvlakte 87
De Boschplaat 79f.
De Koog 84, 85, **86**, 107
De Muy 20, 83
De Noordwester 88
De Waal 83
De Zwarte Polder 39
Delft 21, 28, 42, **46f.**, *92f.*, *93*, 102
Den Burg 15, 83, **86**
Den Haag 14, 18, 23, **42ff.**, *44*, 47, 93, **94f.**, *100*, 102, 105, 106
Den Helder 7, 18, 55, 86, 108
Den Hoorn 83, 84, 85
De Slufter *6*, 83
Domburg 30, 32, 33, **34**, *35*, 37, 38, 107
Dordrecht 20, 42, 52, **92f.**
EcoMare 84
Edam 59
Egmond *54*, 55, 56, **57**
Enkhuizen 54, **57ff.**, 63, 90, 92, 98, 106
Flevoland 20, **65f.**, 90, 92, 98
Franeker 67f.
Friesland (Fryslân) 11, 20, 22, 23, 28, 61, **67ff.**, 72, 75, 90, 91, 92, 98

Giethoorn *90*, 92
Goes 34
Gouda 23
's-Gravenhage 42
Grevelingen 32, 33, 34, 98
Haamstede 30, 32, **34f.**
Haarlem 10, 21, 52, 54, **61ff.**, 107
Hanstede 32
Harlingen (Harns) **68**, 80, 83, 89, 98
Het Oerd 20, 74
Het Verdronken Land van Saeftinghe 39, **41**
Het Zeepe 34, 35
Het Zwin 39, 41
Hindeloopen (Hylpen) *24*, **68**, *69*
Hoek van Holland 52, **53**
Holland 18f.
Hollum 72, 73, 74
Hoorn 21, 54, **59**, 60, 98, 102
Hoorn (Terschelling) 82
Hulst 39, **40f.**
IJmuiden 55, **64**
Kalenberg 92
Katwijk 10, 42, **48**, 49
Kennemerduinen 20, 64
Keukenhof 22, **48f.**, *49*
Kijkduin 47
Kinderdijk 21, 23, 92, **93**
Leeuwarden (Ljouwert) 58, 61, 67, **68f.**, 103
Leiden 11, 23, 42, **47ff.**, 52, 102
Lelystad 65, 66, 92
Lemmer 92
Lisse 22, 48
Maeslantkering 52
Makkum 63, **69**, 92
Marken 60
Medemblik **59**, 91
Middelburg 21, 31, **32ff.**, 101
Midsland 78, 79, 80, 81, 83
Monnickendam 54, **60**
Muggenbeet 92
Neeltje Jans 35, **37f.**
Nes 72, 73, 74, 75
Noord-Beveland 30, 33
Noordpolderzijl 99
Noordwarder 79
Noordwijk 42, **49**, 64

Oosterend (Terschelling) 78, 79, 82
Oosterend (Texel) 83
Oosterschelde **17f.**, 20, 30, 98
Oostkapelle 34, **35**
Oostvaardersplassen 65
Oost-Vlieland 86, 87, 88
Oostvoornse Meer 98
Oudeschild 83, 84, 85, 103
Renesse 13, 30, 32, 34, **35f.**, 64
Rotterdam 10, 11, 12, 13, 14, 15, 18, 23, 42, 47, **50ff.**, 92, 102, 105
Schagen 23
Schermer 21
Scheveningen 15, 17, 22, 23, 25, **42ff.**, 64, 102
Schiedam 53, *114*
Schiermonnikoog 20, 37, *70*, **75ff.**, 99
Schloss Assumburg 63
Schloss Westhove 38, 107
Schokland **66**, *67*, 92
Schoorl 55, 56, 57, 102
Schouwen-Duiveland 30, 33, 34
Serooskerke 37
Sluis 39, **40**, 41
Sneek (Snits) 23, **69**
Space Expo 49
Stavoren 63
St. Anna ter Muiden 41
Stryper Totenacker 80
Terneuzen 39, 41
Terschelling 22, 23, 29, 68, 70, **78ff.**, 103
Texel *6*, 15, 17, 20, 25, 26, 28, 29, 70, *82*, **83ff.**, 89, 97, 99, 103, 107
Tholen 32
Urk 66f.
Valkenisse 32
Veere *30*, **36f.**
Veerse Gat 32
Verklikkerduinen 34
Vliehors 20, **88**, 89
Vlieland 20, 29, 51, 68, 70, 85, **86ff.**
Vlissingen **37**, 40, 100
Volendam 60f.

> *www.marcopolo.de/niederlande-kueste*

IMPRESSUM

Vrouwenpolder 30, 37
Walcheren 30, 33, 37, 101
Wassenaar 102
Waterland Neeltje Jans 37f.
West-Terschelling 79, 80, 81, 82, 83

Wierum 99
Wijk aan Zee 98
Workum (Warkum) 69
Wiuwert 63
Yerseke 23, 31, **38**
Zaandam 21

Zaanse Schans 64, *65*
Zandvoort 10, *16*, 37, 55, **64f.**
Zeeuws Vlaanderen 30, 31, 37, **38ff.**, 105
Zierikzee 31, **38**, *39*
Zuid-Beveland 39

SCHREIBEN SIE UNS!

Liebe Leserin, lieber Leser,

wir setzen alles daran, Ihnen möglichst aktuelle Informationen mit auf die Reise zu geben. Dennoch schleichen sich manchmal Fehler ein – trotz gründlicher Recherche unserer Autoren/innen. Sie haben sicherlich Verständnis, dass der Verlag dafür keine Haftung übernehmen kann.

Wir freuen uns aber, wenn Sie uns schreiben.

Senden Sie Ihre Post an die MARCO POLO Redaktion, MAIRDUMONT, Postfach 31 51, 73751 Ostfildern, info@marcopolo.de

IMPRESSUM

Titelbild: Domburg, Strand (Mauritius: Edith Laue)
Fotos: Toney Baskeyfield (14 u.); A. Bokern (127); Hamlet Bueno (12 o.); Club One Four (95 u. r.); Dutch Water Dreams B.V. (94 M. r.); Erik van Gangelen (94 u. r.); R. Hackenberg (59); HB Verlag: Kluyver (U. M., 18, 28, 39, 49, 62), A. F. Selbach (8/9, 24/25, 29, 69, 100/101, 114/115); Horecagroep Zamen: Roger Wouters (15 M.); Hotel Bazar (15 o.); Huber: Gräfenhain (6/7, 42/43, 54/55, 70/71, 79, 81); © iStockphoto.com: Justin Horrocks (94 o. l.), Richard Simpson (15 u.), Brendan Veary (95 M. l.); T. Kliem (22/23); Urs F. Kluyver (4 l., 23, 60); I. Knigge (U. l.); Laif: Enker (89), Fechner (53), Gaasterland (66, 90/91), Gonzalez (16/17, 30/31, 32, 36, 40, 82, 84, 85), Huber (96/97), Kristensen (2 r., 11, 50); Laif/Hollandse Hoogte: Drenth (72), Hilz (75), van der Veen (67), Velden (35); Look: age fotostock (44), Kaschewski (87), Wohner (U. r., 2 l., 3 l., 3 M., 21, 103, 109, 123); THE MADD: Guy Kokken (14 o.); Mauritius: Food and Drink (26), Edith Laue (1), Vidler (3 r., 56); The M.C. Escher Company BV, Baarn (95 o. l.); H. Mielke (5, 77, 99); Louis Paardekooper (94 M. l); Elian Somers (12 u.); T. Stankiewicz (4 r., 65); Roha Surfing (13 u.); Sustainable Dance Club: Frank Hanswijk (13 o.); Urban Oasis®: Sicco Romagna (95 M. r.); M. Zegers (22, 27, 28/29, 46, 93);

7., aktualisierte Auflage 2009
© MAIRDUMONT GmbH & Co. KG, Ostfildern
Chefredaktion: Michaela Lienemann, Marion Zorn
Autor: Siggi Weidemann, Bearbeitung: Anneke Bokern; Redaktion: Daniela Fois
Programmbetreuung: Cornelia Bernhart, Jens Bey; Bildredaktion: Barbara Schmid, Gabriele Forst
Szene/24h: wunder media, München
Kartografie Reiseatlas: © MAIRDUMONT, Ostfildern
Innengestaltung: Zum goldenen Hirschen, Hamburg; Titel/S. 1–3: Factor Product, München
Sprachführer: in Zusammenarbeit mit Ernst Klett Sprachen GmbH, Stuttgart, Redaktion PONS Wörterbücher
Das Werk einschließlich aller seiner Teile ist urheberrechtlich geschützt. Jede urheberrechtsrelevante Verwertung ist ohne Zustimmung des Verlages unzulässig und strafbar. Das gilt insbesondere für Vervielfältigungen, Übersetzungen, Nachahmungen, Mikroverfilmungen und die Einspeicherung und Verarbeitung in elektronischen Systemen.
Printed in Germany. Gedruckt auf 100% chlorfrei gebleichtem Papier

FÜR IHRE NÄCHSTE REISE

gibt es folgende MARCO POLO Titel:

DEUTSCHLAND
Allgäu
Amrum/Föhr
Bayerischer Wald
Berlin
Bodensee
Chiemgau/Berchtes-
 gadener Land
Dresden/Sächsische
 Schweiz
Düsseldorf
Eifel
Erzgebirge/Vogtland
Franken
Frankfurt
Hamburg
Harz
Heidelberg
Köln
Lausitz/Spreewald/
 Zittauer Gebirge
Leipzig
Lüneburger Heide/
 Wendland
Mark Brandenburg
Mecklenburgische
 Seenplatte
Mosel
München
Nordseeküste
 Schleswig-
 Holstein
Oberbayern
Ostfriesische Inseln
Ostfriesland/
 Nordseeküste
 Niedersachsen/
 Helgoland
Ostseeküste
 Mecklenburg-
 Vorpommern
Ostseeküste
 Schleswig-
 Holstein
Pfalz
Potsdam
Rheingau/
 Wiesbaden
Rügen/Hiddensee/
 Stralsund
Ruhrgebiet
Schwäbische Alb
Schwarzwald
Stuttgart
Sylt
Thüringen
Usedom
Weimar

ÖSTERREICH |
SCHWEIZ
Berner Oberland/
 Bern
Kärnten
Österreich
Salzburger Land

Schweiz
Tessin
Tirol
Wien
Zürich

FRANKREICH
Bretagne
Burgund
Côte d'Azur/Monaco
Elsass
Frankreich
Französische
 Atlantikküste
Korsika
Languedoc-Roussillon
Loire-Tal
Nizza/Antibes/Cannes/
 Monaco
Normandie
Paris
Provence

ITALIEN | MALTA
Apulien
Capri
Dolomiten
Elba/Toskanischer
 Archipel
Emilia-Romagna
Florenz
Gardasee
Golf von Neapel
Ischia
Italien
Italienische Adria
Italien Nord
Italien Süd
Kalabrien
Ligurien/
 Cinque Terre
Mailand/Lombardei
Malta/Gozo
Oberital. Seen
Piemont/Turin
Rom
Sardinien
Sizilien/
 Liparische Inseln
Südtirol
Toskana
Umbrien
Venedig
Venetien/Friaul

SPANIEN |
PORTUGAL
Algarve
Andalusien
Barcelona
Baskenland/Bilbao
Costa Blanca
Costa Brava
Costa del Sol/Granada
Fuerteventura
Gran Canaria

Ibiza/Formentera
Jakobsweg/Spanien
La Gomera/El Hierro
Lanzarote
La Palma
Lissabon
Madeira
Madrid
Mallorca
Menorca
Portugal
Sevilla
Spanien
Teneriffa

NORDEUROPA
Bornholm
Dänemark
Finnland
Island
Kopenhagen
Norwegen
Schweden
Stockholm
Südschweden

WESTEUROPA |
BENELUX
Amsterdam
Brüssel
Dublin
England
Flandern
Irland
Kanalinseln
London
Luxemburg
Niederlande
Niederländische
 Küste
Schottland
Südengland

OSTEUROPA
Baltikum
Budapest
Estland
Kaliningrader
 Gebiet
Lettland
Litauen/Kurische
 Nehrung
Masurische Seen
Moskau
Plattensee
Polen
Polnische Ostsee-
 küste/Danzig
Prag
Riesengebirge
Russland
Slowakei
St. Petersburg
Tschechien
Ungarn
Warschau

SÜDOSTEUROPA
Bulgarien
Bulgarische
 Schwarzmeerküste
Kroatische Küste/
 Dalmatien
Kroatische Küste/
 Istrien/Kvarner
Montenegro
Rumänien
Slowenien

GRIECHENLAND |
TÜRKEI | ZYPERN
Athen
Chalkidiki
Griechenland
 Festland
Griechische
 Inseln/Ägäis
Istanbul
Korfu
Kos
Kreta
Peloponnes
Rhodos
Samos
Santorin
Türkei
Türkische Südküste
Türkische Westküste
Zakinthos
Zypern

NORDAMERIKA
Alaska
Chicago und
 die Großen Seen
Florida
Hawaii
Kalifornien
Kanada
Kanada Ost
Kanada West
Las Vegas
Los Angeles
New York
San Francisco
USA
USA Neuengland/
 Long Island
USA Ost
USA Südstaaten/
 New Orleans
USA Südwest
USA West
Washington D.C.

MITTEL- UND
SÜDAMERIKA
Argentinien
Brasilien
Chile
Costa Rica
Dominikanische
 Republik

Jamaika
Karibik/
 Große Antillen
Karibik/
 Kleine Antillen
Kuba
Mexiko
Peru/Bolivien
Venezuela
Yucatán

AFRIKA |
VORDERER
ORIENT
Ägypten
Djerba/
 Südtunesien
Dubai/Vereinigte
 Arabische Emirate
Israel
Jerusalem
Jordanien
Kapstadt/
 Wine Lands/
 Garden Route
Kenia
Marokko
Namibia
Qatar/Bahrain/
 Kuwait
Rotes Meer/Sinai
Südafrika
Tunesien

ASIEN
Bali/Lombok
Bangkok
China
Hongkong/
 Macau
Indien
Japan
Ko Samui/
 Ko Phangan
Malaysia
Nepal
Peking
Philippinen
Phuket
Rajasthan
Shanghai
Singapur
Sri Lanka
Thailand
Tokio
Vietnam

INDISCHER
OZEAN |
PAZIFIK
Australien
Malediven
Mauritius
Neuseeland
Seychellen
Südsee

> UNSERE INSIDERIN
MARCO POLO Korrespondentin Anneke Bokern im Interview

Anneke Bokern hat in Berlin Kunstgeschichte studiert. Inzwischen möchte sie die Nähe zum Meer nicht mehr missen

Wieso leben Sie in Amsterdam?

Ich bin meinem Freund hinterhergezogen, der schon zwei Jahre vor mir in Amsterdam wohnte.

Was reizt Sie an der Küste?

Es ist toll, so nah am Meer zu wohnen und einfach mal einen Strandspaziergang machen zu können. Außerdem sind die Niederländer schön unkompliziert, das Leben ist hier sehr entspannt.

Und was mögen Sie nicht so?

Alles hat eine Kehrseite: Die Unkompliziertheit der Niederländer kann manchmal in Nachlässigkeit umschlagen und die Kleinheit des Landes zur Enge werden.

Wie haben Sie die Sprache gelernt?

Am Anfang habe ich das meiste beim Lesen von Untertiteln im Fernsehen gelernt. Den Rest habe ich mit der Zeit aufgeschnappt und irgendwann in einem Fortgeschrittenen-Sprachkurs zurechtgeschliffen. Wenn man hier wohnt, sollte man die Sprache schon lernen, sonst bleibt man auf ewig Tourist.

Was genau machen Sie beruflich?

Ich bin freie Journalistin und schreibe über Architektur, Kunst und Design, vor allem für deutschsprachige Zeitschriften.

Kommen Sie viel in den Niederlanden herum?

Ja, ich fahre häufig zu Ausstellungen in andere Städte. Privat mache ich oft Wochenendausflüge – entweder Kurztrips zum Strand oder ans IJsselmeer, oder verlängerte Wochenenden in Zeeland oder auf den Watteninseln.

Was prädestiniert Sie als MARCO POLO Autorin?

Ich glaube, dass ich mich nach acht Jahren ganz gut in den Niederlanden auskenne. Gleichzeitig versuche ich aber, mir den Blick einer Außenstehenden zu bewahren.

Mögen Sie die niederländische Küche?

Ich mag niederländische Zutaten lieber als die niederländische Küche. Vor allem an der Küste bekommt man unglaublich guten frischen Fisch und Meeresfrüchte, leckeres Lamm, fast vergessene einheimische Gemüsesorten. Daraus koche ich lieber selbst etwas.

Können Sie sich vorstellen, irgendwann wieder in Ihrem Heimatland zu leben?

Mir würde die Nähe zum Meer fehlen. Ich könnte mir nicht mehr vorstellen, in einer Stadt ohne viel Wasser zu leben.

126 | 127

> BLOSS NICHT!

Ein paar Tipps und Anregungen, damit Sie im Umgang mit den Niederländern nicht anecken

Deutschen Service erwarten

Die Niederländer haben ein sehr entspanntes Verhältnis zum Service. Gerade im Restaurant kommt es schon mal vor, dass man lange warten muss. Beschwert man sich zu barsch, geht oft gar nichts mehr. Auch sonst lautet häufig die erste Antwort, die man auf eine Frage hört: „Das geht nicht." Bleiben Sie freundlich, aber geben Sie nicht auf! Nach einem kleinen Schwätzchen geht in den Niederlanden fast alles.

Dünen beschädigen

Die Dünen bilden eine natürliche Schutzzone gegen die See. Das Betreten der Dünen ist abseits der Wege streng verboten. Klettern Sie nicht über Zäune, und beachten Sie die Hinweisschilder!

Vögel füttern

Eine große Unsitte ist es, Möwen oder Tauben zu füttern. Beide Vogelarten sorgen für massive Probleme, man sollte nicht noch durch Füttern zu ihrer Vermehrung beitragen.

Rasen mit dem Auto

Die Polizei hat ein bestimmtes Soll an Strafzetteln zu erfüllen, die sie verteilen muss. Geschwindigkeitsbegrenzungen werden schon deshalb streng kontrolliert. Bußgelder werden sofort eingezogen. Lassen Sie sich von einheimischen Autofahrern nicht provozieren, auch wenn diese Sie schneiden und überholen.

Erster Kontakt auf Deutsch

Nicht jeder Niederländer spricht Deutsch, vor allem unter den jungen Leuten ist Deutsch keine favorisierte Fremdsprache. Niederländer empfinden es als überheblich, wenn sie in Restaurants, auf der Straße oder im Geschäft auf Deutsch angesprochen werden. Machen Sie sich zunächst mit Englisch verständlich. Es hilft auch, vor der Reise einige alltägliche Wörter und kleine Sätze Niederländisch zu lernen. Man wird es Ihnen anrechnen.

Strandkuhlen graben

Ein beliebtes Thema für niederländische Karikaturisten sind all jene dickleibigen Touristen, die am Strand ihr Territorium abstecken und Kuhlen im Sand graben. Das Bauen von Strandburgen, an der deutschen Ost- und Nordseeküste noch immer üblich, ist an der Niederländischen Küste verpönt.

Falsch parken

Parkplatzknappheit herrscht in praktisch allen Küstenorten und in den Zentren der Städte. Wenn Sie einen freien Platz gefunden haben, vergewissern Sie sich, dass Sie nicht doch aus Versehen im Parkverbot stehen. Die Bußgelder sind hoch, oft genug wird abgeschleppt. Planen Sie einen Ausflug nach Amsterdam, nehmen Sie am besten die Bahn, auch am Wochenende herrscht dort lebhafter Verkehr, und es kommt immer wieder zu Staus.